carl gustav jung

dışa bakan rüya görür
içe bakan uyanır

Rüyaların, sembollerin, mitlerin izinde bir ruhçözümlemecisinin arayışı

DESTEK YAYINLARI: 1345
FELSEFE: 44

CARL GUSTAV JUNG / DIŞA BAKAN RÜYA GÖRÜR İÇE BAKAN UYANIR ***Yayıma Hazırlayan:*** Özlem Küskü

İmtiyaz Sahibi: Destek Yapım Prodüksiyon Dış Tic. A.Ş.
Genel Yayın Yönetmeni: Ertürk Akşun
Felsefe Serisi Yayın Koordinatörü: Özlem Küskü
Son Okuma: Devrim Yalkut
Kapak Tasarım: İlknur Muştu
Sayfa Düzeni: Cansu Poroy

Destek Yayınları: Ekim 2020 (3.000 Adet)
4.-6. Baskı: 2020
7.-11. Baskı: 2021
12.-25. Baskı: 2022
26.-53. Baskı: 2023
54.-65. Baskı: 2024
66.-73. Baskı: 2025
74.-75. Baskı: Mart 2026
Yayıncı Sertifika No. 43196

ISBN 978-605-311-972-2

Abdi İpekçi Caddesi No. 31/5 Nişantaşı/İstanbul
Tel. (0) 212 252 22 42 – Faks: (0) 212 252 22 43
www.destekdukkan.com – info@destekyayinlari.com
facebook.com/DestekYayinevi
twitter.com/destekyayinlari
instagram.com/destekyayinlari

Deniz Ofset – Çetin Koçak
Sertifika No. 77699
Maltepe Mahallesi
Hastane Yolu Sokak No. 1/6
Zeytinburnu / İstanbul
Tel. (0) 212 613 30 06

carl gustav jung

dışa bakan rüya görür içe bakan uyanır

Rüyaların, sembollerin, mitlerin izinde bir ruhçözümlemecisinin arayışı

Yayıma Hazırlayan: Özlem Küskü

dışa bakan rüya görür içe bakan uyanır*

* Bu söz C. G. Jung'a aittir ve orijinali şu şekildedir:
"Your vision will become clear only when you look into your heart. Who looks outside, dreams. who looks inside, awakens."
Carl Jung, Letters Vol. 1, 1906-1950)

Jung bizden ne istiyor?

"Bugünün insanının tanrıları ve şeytanları kaybolmamış, yalnızca isimleri değişmiştir."

İnsan bir muammadır.

Bir yandan dış dünyanın beklentilerine göre üstümüze geçirdiğimiz, içine sığmaya çalışırken çekiştirip durduğumuz kıyafetler, öte yandan zihnimizin ürettiği düşünceler, biyolojimizin dayattığı dürtüler, uykumuzda bile duyduğumuz derinlerden gelen gümbürtüler...

Hangisini dinleyeceğiz?

Kendimizi mi, dış dünyayı mı, yoksa yeraltından gelen sesleri mi?

Dışarıdaki dünyanın kuralları hayli zorlayıcı... İyileşmeyi umanlar için binlerce araç ortalığa saçılmış bir halde. Çeşitli metotlar, öğretiler, inançlar, bilimsel formüller... İnsan, her elini attığı şeyde sonsuz mutluluğu ve bütünlüğü yakalamanın derdinde. Eski bir deyişte söylendiği gibi, dünyaya bağlandıkça köklerini yitiren bizler ağaç tepelerine sarılıyoruz. Ruhun insanın ancak kendi topraklarından doğabileceğini unutuyoruz. Diplerdeki akıntılardan ve karanlıktan kaçarak kendimizi yükseltmenin peşine düşüyoruz. Sonrası malum...

Hep bir yola çıkıyoruz, planlar, programlar yapıyoruz. Evdeki hesap çarşıya uymadığında başkalarına kızıyoruz, bazen kapıları kapatıyor, kendimizi hapsediyoruz, önümüzdeki duvarı hissediyor ama bir türlü onu yıkamıyoruz. Bazen olanlara kötü talih deyip geçiyoruz. Kendi trajik hikâyemizi tekrarlamak zorunda kalıyoruz. "Nereye gittiğimiz önemlidir ancak aynı derecede önemli olan bir diğer şey de nereye kimin gittiğidir." Yola çıkarken fark etmiyoruz bile, kimdir yanımıza aldığımız?

Azıcık uzaklaşıp kendimize dışarıdan bakalım -ki aslında bunu hep yapıyoruz- ve bu giderek acı verici bir deneyime dönüşmekte çünkü hızla kendimize yabancılaşıyor, aynadaki tezahürlerimize şaşırarak bakıyoruz.

Artık sormak gerek, "Bu aslında ben değilim" dediğimiz şeyleri neden yapıyoruz, neden kişiliğimizi "şişiriyoruz"? Neden görünüşte her yere uyan ama hepsi birbirinden farklı "ben"lerden oluşuyoruz? Sokaktaki halimiz ile işyerlerimizdeki halimiz neden birbirinden farklılaşıyor?

Bugünün dünyası, görünüşte ilkel insanın yaşadığı dünyadan daha korunaklı ve konforlu ancak belki de daha tekinsiz. Bağımlılık, endişe, sıkıntı ve hayal kırıklığı çağındayız. Görünür dünyaya tutunmak için elimizden geleni yapıyoruz ancak herhangi bir "uyaran" yoksunluğunda ne yapacağımızı şaşırıyor, kendimizi uyuşturmak için yeni bağımlılıklar icat ediyoruz.

"Herkes herkese öğretmenlik yapıyor ve kimse iyileşmenin yolunun tam da kendinden başlaması gerektiğinin farkında değil gibi duruyor."[*]

Ruhumuzun sesini duymaz olduk. Bizi harekete geçiren, motive eden içsel şeylerin kaynağının ne olduğunu da sorgulamıyoruz. Başsız bir tavuk gibi, neyi neden yaptığımızı bilmez haldeyiz dersek abartmış olmayız, tam olarak Jung'un tarifiyle sağ elimiz sol elimizden habersiz...

İçsel gücümüzün sesinden ancak dış dünya ile bir buluşma gerçekleştiğinde emin oluyoruz. Bazen arzuladığımız bir şey pat diye önümüzde beliriyor, mutlu oluyor, kendimizi övüyoruz. Ancak basit bir çatışma belirdiğinde bu kez tüm dünyanın karşımıza geçtiğine ve olanca gücüyle bize saldırdığı fikrine kapılıyoruz. O zaman da suçu ya kadere atıyoruz ya da karşılaştığımız insanlara... Bize sorun yaratanlar için psikiyatride kullanılan tanılardan faydalanıyoruz, onları "normal" sınırından uzaklaştırıp bir patolojik sorunla tanımlıyoruz. Çünkü bilmek, tanımlamak ve sınıflandırmak her zaman rahatlatıcı geliyor, ne de olsa: "Psikiyatrik tanılar da kavrayamadığımız insan kalmasın diye vardır."[**]

* Miguel Serrano, *Carl Gustav Jung ve Hermann Hesse-İki Dostun Hatıraları*, Çevirmen: Seza Özdemir, Destek Yayınları, 2019, s. 116

** Adam Philiphs, *Kaçırdıklarımız & Yaşanmamış Hayata Övgü*, Çevirmen: Selin Siral, Metis Yayınları, s. 57

Pek çok insan için kendini tanımak kendisinin dış dünyaya yönelik konumlanışını anlamaktan ibaret. Halbuki, bilinç düzeyindeki egoyu bilmek kendini bilmek değildir. Kendimizi tamamen dış dünyaya göre konumlandırmamız ne yazık ki ruhumuzla olan bağlantımızı yitirmemize yol açıyor. Tamamen bilincin farkında olduğumuz düzleminde sürdürdüğümüz bu yaşam ne yazık ki bir mağaza vitrininden öteye gidemiyor. Derinleşmekten uzak, kendi şeytanını icat etmiş insanların dünyası...

"Hayatın bir aptal tarafından anlatılan bir masal olduğu fikri" hepimiz için korkutucu. Bu yüzden de hayatı anlamlandırma çabasındayız. Bilime bu yüzden sırtımızı yaslıyor ve elimizdeki dünyanın doğa kanunlarını anlamaya çalışıyoruz. Kimi inançlı olanlarsa sadece "inanarak" taklit etmekle inançların da zaman içinde silikleşmiş kopyalarıyla kendilerini oyalamakta. Alan Watts'ın deyimiyle: *"Parmağın gösterdiği yöne bakmak yerine parmağı emip rahatlamakta."* İnsan yaşamının anlamlı mı anlamsız mı olduğu bize bağlı. Ancak hayat aynı zamanda hem anlam hem de anlamsızlık ihtiva ediyor hatta anlam ve saçmalık arasında gelip gidiyor ama insan yine de tüm gönlüyle yaşamda anlamın ağır basmasını diliyor. Çünkü anlamsız bir hayatın dayanılmaz olmasına katlanılamıyor.

Kaygılar, korkular, huzursuzluk, bağımlılıklar ve bağımlı olunan şeylere karşı duyulan aşırı ihtiyaç içinde sürüklenmekteyiz. *"Uygarlık anlayışımız"* içgüdülerinden kopmuş halde ancak farkında olmasak da onlar hiçbir yere kaybolmuyorlar. Sıkıntılarımızın, bedensel ağrıların, unutkanlıkların, zorlantıların ve bizi sebebini anlayamadığımız bir şekilde harekete geçmeye zorlayan düşüncelerin kaynağı tam olarak neresi?

"İnsan bilinci kırılgandır..." der Jung. *"Parçalanmaya eğilimlidir."* İnsan, bu parçalanmanın önüne geçmek için *"zihni yalıtma"* yoluna gider. Zihinsel yalıtma taktiği ile kendimiz için sadece gerekeni gereken yerden alırız ve dikkatimizi dağıtacak, huzurumuzu bozacak diğer tüm şeyleri kapının arkasında bırakırız. Çoğumuz, farkında bile olmadan, günlük rutinlerimize ustaca uydurarak yaparız bunu. Örneğin şu an bu satırları okurken sokaktan gelen araba sesini, buzdolabının gürültüsünü ya da yan komşunun sesini kısarsınız. Bunların hepsi ilgi alanının dışına itilir. Bu bilinçli bir bölünme halidir. Jung'a göre bu durumun kontrolümüz dışında kendiliğinden gerçekleşmesi bambaşka bir bölünmeye, patolojik nevroza yol açar. Yine onun tarifiyle: *"Nevroz kendi anlamına ulaşamamış bir ruhun acı çekmesidir."*

Bugünün insanı, bizler bölünmüş haldeyiz. Hayatımızı bölüp her bir parçasını başka bir çekmeceye tıkarken kendimizi de ayırmış, başka bir çekmeceye almışızdır. Günlük yaşam pratikleri gereğince gerekli olanı gerekli çekmeceden alırız ancak bazen de beklemediğimiz anda bir çekmece açılıverir. İşte bu çekmeceden çıkanların kaynağı bilinçdışıdır.

Aslına bakarsak bilincin altı, üstü, içi, dışı diye tabir edilen alanlar bilincin farkında olmadığımız çeşitli düzlemlerinden bahsedebilmek için ortaya konulmuş olan terimlerdir. Gerçekte varoluşun tüm boyutlarını kapsayan ortak tözdür "bilinç" ve onun kaynağı da sonsuz zekâya sahip bir zihindir. Buna göre insan olmayı deneyimleyen her ruh, evrensel zihnin sınırlandırılmış bir modeliyle fiziki âlemde yaşama dahil olduğu süreçler içerisinde bilincin yalnızca belli bir kısmının farkındadır. Bilinçlenmek ya da bilinçli olmak denildiğinde de gerçekte bireyin bilincinin farkındalığını artırması kastedilmektedir.

Bilinç, bilinçdışı ve içgüdüsel isteklerin farkına varan insan kişiliğinin ağırlık merkezini başka bir yerde konumlandırır. "Benlik" denen bu merkeze gelmekle insan alt katlarda sıkıntı çeken (bilinmeyenin korkusu), üst katlardaysa acı ve hazza yapışan halden kurtulur.

Jung bize bir bireyleşme süreci vaat eder. Onun kurduğu psikoloji ekolünün özü budur. İnsanı ortaya çıkaran katmanları tam anlamıyla çözmek imkânsızdır, insan bu nedenle bir muammadır. Ancak yine de hayatta işler yolunda gitmediğinde başkalarını suçlamak yerine kendi doğamıza bakabiliriz. Bizi üzen, inciten ya da yaralayan şeylerin çaresinin yine kendimizde olduğunu anımsayabiliriz. Bu tek kişilik bir yolculuk da değil üstelik, bütünleşmeyi, bireyleşmeyi başaran sağlıklı bir toplumun da gelişmesini olanaklı kılar. Her bir bireyi tek tek toplayarak tek bir insan haline getirmeye kalktığımızda bütünün de tıpkı tek bir insan gibi davrandığını görürüz der Jung. İnsanlık da tek bir insanın yaptığını yapar. Toplumlar da depresyona girer, psikoz geçirir ve kontrolünü kaybeder. Ancak sonuçları bireysel yaşantılarla kıyaslandığında daha yıkıcı olur. Savaşlar, katliamlar bunun sonuçlarıdır.

Kendimizi tanımak için atacağımız her bir adım bu yüzden hayati önemdedir.

"Kendi içine bakmaya cesareti olmayan herkesin yaşamı bulanıktır." Dahası bu bulanıklık dünyayı da bulandırır.

Önyargı ve kabullerinizden sıyrılma vakti. Jung bizleri kendi mitimizle tanışacağınız bir yolculuğa davet ediyor. Sembollerin, rüyaların, arketiplerin ve mitlerin âlemine hoş geldiniz...

Özlem Küskü

"Ne yaptığımıza çok dikkat etmeli, ne yapmakta olduğumuzu çok iyi düşünmeliyiz çünkü bugün hepimiz kontrolümüz dışında olan kendi yarattığımız ölümcül tehlikelerin tehdidi altındayız. Tüm dünya nevrotik bir insana benzer, onun gibi dağılmış vaziyettedir."*

* Carl G. Jung, *İnsan ve Sembolleri*, Çevirmen: Hatice Mukaddes İlgün, Kabalcı Yayıncılık, s. 80

"İnsan kendi doğasına göre yaşamalı. Önce kendini tanımaya yoğunlaşmalı sonra kendi hakkındaki hakikate göre yaşamalı. Bir vejetaryen olan kaplan hakkında ne derdiniz? Elbette onun kötü bir kaplan olduğunu söylerdiniz. Dolayısıyla herkes hem bireysel hem de kolektif doğasına göre yaşamalı. İnsan ne ise o olmalı, kendi öz bireyselliğini, bilinç ile bilinçdışı arasında ikisine de eşit mesafede duran, kişiliğin o merkezini keşfetmeli; doğanın bizi yönlendiriyor gibi göründüğü o ideal noktayı hedeflemeliyiz. İnsan kendi ihtiyaçlarını ancak o noktadan tatmin edebilir."*

* Miguel Serrano, *Carl Gustav Jung ve Hermann Hesse-İki Dostun Hatıraları*, Çevirmen: Seza Özdemir, Destek Yayınları, 2019, s. 141

Carl Gustav Jung kimdir?

Psikanalizin en tartışmalı ve belki de ilerleyen dönemlerde daha da çok anılacak isimlerinden birisi olan Carl Gustav Jung 20. yüzyılın en önemli filozof-psikiyatrlarındandır. O bir ruhçözümlemecisidir. Derinlik psikolojisi olarak bilinen bilinç-ruh ilişkisine ek olarak bilinçdışını da dahil eden psikoloji alanının üç büyüklerinden biridir, psikanalizin babası Freud ve Adler diğer önemli iki isimdir. Freud'dan ayrıldıktan sonra kendi kurduğu analitik psikoloji ekolü ile bir devrim yaratan Jung, günümüz psikolojisi ve psikiyatrisi içinde halen kullanılan psikolojik tipler, kolektif bilinçdışı, kompleksler ve çağrışım testi gibi kavramların sahibidir. Kompleks psikoloji kavramı Oxford Sözlük'e şu şekilde girmiştir: Jung'un ortaya koyduğu belirli bir konuyla ilintili bir grup düşünceye karşılık gelen terim. Freud'un ortaya koyduğu modern psikolojiyi bir kuyuya benzetirsek, Jung bu kuyuyu daha da derin kazan kişidir. Çalışmalarıyla insan ruhunu aydınlatmaya çalışmakla kalmamış eskinin ve bugünün dünyasının arasında bir köprü olmuştur.

Çocukluğundan itibaren kendi ilginç doğasının farkında olan bir iz sürücüdür Jung. Daha henüz çocukken sahip olduğu derin içgörü ile kendi dünyasının sularında yüzmeye başlamış, aynı zamanda etrafındakilerin de içine bakmış, onları gözlemlemiştir. Rüyalarının, bilinçli bir şekilde sergilemediği davranışlarının peşine düşmüş, meraklı doğasıyla sorular sormuş, tüm yaşamı boyunca da "inanmayı" değil "deneyimleyerek anlamayı" seçmiştir.

Jung'u diğer meslektaşlarından ayıran en önemli ayrım, onun ruhun derinliğine inerken kullandığı yoldu. O, şifayı sembollerin, figürlerin, mitlerin, ilkel insanın ritüellerinin saklandığı "başka" bir dünyadan bulup çıkarmanın peşine düşmüştü. Bu yer bazen Uzakdoğu öğretileriydi, bazen Hıristiyanlık öncesi dönemler, bazen de simyaydı. Uzun yıllar ilkel insanları izlemişti, 1921 yılında Kuzey Afrika'da kalmış, Arizona ve New Mexico'da Pueblo yerlileri ile yaşamıştı. Yine 1926'da Afrika ve Kenya'da Elgon Dağı eteklerindeki yerlilerle birlikteydi. Çin felsefesi üzerine çalışan Richard Wilhelm, Hintbilimci Zimmer, Macar mitoloji uzmanı Karl Kerenyi ile birlikte yıllarca çalışmış ve üretmişti.

İnsan ruhunu keşfetme yolculuğunda psikoloji, psikiyatri ve tıp bilgisine ek olarak yıllarca pek çok disipline dair derin okumalar ve incelemeler yaptı. Simya, astroloji, parapsikoloji, mitoloji, felsefe, dinler tarihi, Kabala, fizik bunlardan bazılarıydı. Aynı zamanda yetkin bir dilbilimciydi. Yaklaşık 6 dili konuşabiliyordu.

Her kültür ve dünyadan insanla sohbet ederdi. Her şeye yönelik canlı bir ilgisi, meraklı bir doğası vardı ve ölene dek yazmayı bırakmayacak kadar üretken biriydi.

Kuralları yıkmaktan korkmazdı, herkesi karşısına alacak kadar cesurdu. Yol nereden geçerse geçsin, onun tek bir derdi vardı: Yaşamı daha sağlıklı, anlamlı ve mutlu bir hale getirmek. Bunun da yolu tüm kıyafetlerden soyunarak kişinin kendisini bulması, ruhunu keşfetmesi ve bütünleşmesi yani bireyleşmesiydi.

Yaşamında en çok şikâyet ettiği şeylerden biri anlattıklarının diğer insanlar tarafından yeterince anlaşılamamasıydı. Bu anlamda belki de en çok eleştiriyi psikolojiye dini figürleri dahil etmesi nedeniyle aldı. Hatta öyle ki yeni bir din kurmakla suçlandığı dahi oldu. Jung din ve psikolojiyi yan yana getirme nedenlerini bıkmadan usanmadan açıklamaya çalıştı. Bunun nedenlerinden biri dini sadece sosyolojik bir olgu olarak değil insana dair bir hadise olarak görmesiydi. Ona göre din insan ruhuna özgü bir tutumdu ve insan psikolojisi üzerine eğiliyorsa onun en önemli parçası olan dinler de bu konudan azade değildi.

1952 yılında kendisi ile ilgili kaleme alınan biyografinin önsözünde şunları söylemişti:

"Çalışmalarım bir dizi değişik yaklaşımlardan ibarettir, buna bilinmeyen etkenlerin çevresinde dolaşmak da denilebilir. Bu yüzden benim açık ve basit özetimin

*verilmesi oldukça zorlaşmaktadır. Dahası, ben daima ruhun kendisini salt doktor muayenehanesinde göstermediği, onun her şeyin üzerinde tüm dünyada ve ayrıca tarihin derinliklerinde var olduğu gerçeğini gözden kaçırmamak için özel bir sorumluluk duymuşumdur."**

Yaşamını adadığı uğraş insanı anlamaktı, bilim çevrelerince dışlanmak ve kınanmak pahasına araştırmaktan ve soru sormaktan vazgeçmedi. İçinden gelen "çağrı"nın peşine düştü. Yazgısının peşine düşen pek çok kahraman gibi yalnızlığı derinden hissetti. 83 yaşındayken bile "Ben hâlâ yalnızım" diyordu.

Dogmatikliğe her zaman karşı olmuştu. Yerleşik olanı yıkmaktan ve inandığı doğruları söylemekten korkmazdı. Bu, Freud'la aralarındaki ilişkinin kopmasına neden olan en belirgin tavırdı. İlk başlarda kompleks psikoloji sonrasında ise analitik psikoloji olarak adlandıracağı alanda seslendiği insanları da benzer bir deneyime, sormaya, sorgulamaya çağırıyordu. Hap bilgileri alıp yutmak yerine onları kendi deneyimleri ile kendilerini bulmaya çağırıyor, insanları kendi mitlerini yaratmaya davet ediyordu.

Jung'un psikolojik yaklaşımına dair yazmanın zorluklarından bahseden pek çok insan olmuştur. Ne kadar anlatılmaya çalışılsa da kısacık bir kitapta derin ve tam bir özet sunmak imkânsızdır çünkü onun çalışma

* Frieda Fordham, *Jung Psikolojisinin Ana Hatları*, Çevirmen: Aslan Yalçıner, Say Yayınları, s. 13

alanının bir ayağı bilimsel gerçekliğin olduğu bir dünyaya diğeri ise "dinler" gibi tartışmaya açık ve rasyonellikten uzak başka bir dünyaya atılmıştır. Dahası kökleri felsefeye, simyaya, gün yüzüne çıkmamış kadim metinlere de varmaktadır.

Ursula Le Guin onun için "Sanat hakkındaki görüşleri sanatçılara en yakın gelen psikolog" demiştir. Bu yüzden de kurduğu psikoloji ekolünün yansımaları sadece psikanaliz ve terapiye değil sanata, sinemaya, sosyolojiye, antropolojiye, teolojiye, fiziğe ve edebiyata da yansımış, onlarca sanatçıya, bilim insanına da ilham olmuştur.

Mesleki kariyerinde pek çok okul tarafından verilen payelerle onurlandırılmıştı. İsviçre Teknik Üniversitesi'nin verdiği belgede yazanlar onun ne yaptığının en iyi özetidir belki de:

"Bütünlüğü ve karşıtlığı, psişeyi ve onun bütünlük eğilimini yeniden keşfeden, bilim-teknik çağında yaşayan insanın buhranlarını teşhis eden, kadim sembolleri ve insanlığın bireyleşme sürecini yorumlayan Carl Gustav Jung'a."

Jung, bilinmeyenin peşine düşme cesaretine kalkışmış, sezgileriyle bir şeyleri koklamış, derinlerde bulduklarını dünyaya, gün ışığına çıkarmaya çalışmış ve iki dünya arasında bizlere köprü olmuş bilge bir psikolog, bilimadamıdır.

Mistik midir yoksa deha mı?

Yaşlı bilge mi, yaralı şifacı mı?

Hepsi mi hiçbiri mi?

*"Bana hikmet sahibi ya da bilge denmesini kabul edemem. Birisi bir ırmaktan bir avuç su çıkardı. Ne anlamı var? Ben o ırmak değilim, ben o ırmaktayım ve hiçbir şey yapmıyorum. Başka insanlar da orada ve çoğu onunla bir şeyler yapmak zorunda olduklarını hissediyorlar. Bense hiçbir şey yapmıyorum. Kuru dalların üzerinde güller açtırması gereken kişi olduğumu hiç düşünmedim. Durup doğanın neler yapabildiğini hayranlıkla izliyorum."**

Yaşamının son yıllarında dudaklarından dökülen sözler bunlardır. Kendi bireyselliğinden de kurtulmuş, zamanın sonsuzluğunda anlamını bulmuş bir hayatın özeti gibi değil mi? O ırmağa eğilme cüretini gösterip bir avuç suyla çıkmıştır. Ancak o bir avuç suda okunmaya değer onca şey var ki bizler de o zengin kaynaktan kopup gelenlerin taşındığı o avucun önünde saygıyla eğilebiliyoruz ancak.

Onun ekolünü takip eden, mitoloji ve karşılaştırmalı dinler konularında dersler veren, bugünün başucu kitaplarından biri olan *Kahramanın Sonsuz Yolculuğu*'nun

* Carl Gustav Jung, *Anılar Düşler Düşünceler*, Çevirmen: İris Kantemir, Can Yayınları, s. 410

yazarı Joseph Campbell "*Önemli olduğu için bir konuyla ilgilenmek gerektiğine inanmıyorum, bir konuya bir şekilde kapılmaya inanıyorum*" der.

İnsan da Jung'a kapılır, kapılmalıdır da.

Bu kitabın amacı Jung'u derinlemesine keşfetmeye yönelik bir çağrıdır. Campbell, kahramanın hikâyesi maceraya çağrı ile başlar der, kahraman sıradan dünyadan ayrılır ve beklenmedik olanın ellerine bırakır kendini. Tıpkı bu kitapla birlikte Jung'un dünyasına dalacağımız gibi...

"Yaşayan anlam,
ancak onu
kendi içimizde
ve kendimiz
aracılığıyla
yaşadığımız
takdirde canlı
kalabilir."

Bir bedende iki kişi

*"Bu öykülerin doğru ya da yanlış olmaları önemli değil. Önemli olan, bunların gerçekten 'benim' öyküm ve benim 'gerçeğim mi' oldukları sorusu."**

İnsanlığa kendi mitini yaratma çağrısında bulunan bir bilgenin felsefesini özetlemek onun yaşamına odaklanmadan yapılamaz.

Anlatılacak hikâye kendi mitini yaratmış Carl Gustav Jung'un hikâyesidir.

---

* Carl Gustav Jung, *Anılar Düşler Düşünceler*, Çevirmen: İris Kantemir, Can Yayınları, s. 19

26 Temmuz 1875'te İsviçre'nin Thurgau bölgesinde, Keswill am Bodensee'de dünyaya geldi. Babası Paul Achilles Jung (1842-1896) Evangelist bir reformistti. Annesi Emile (1848-1923) de tıpkı babası gibi dindar bir aileden geliyordu. Büyükbabası Carl Gustav Jung (1794-1864) Basel Üniversitesi'nin kurucuları arasında yer alan bir doktordu. Bilim ve tıp ailesinde köklü bir şekilde yerleşikti.

Altı aylıkken ailesi Schaffhausen'e taşınacaktı. Kilisesi, şatosu, bahçeleri, Ren Şelalesi'yle birlikte bu şehir hem doğası hem de kendi ruhunu yansıtan sesiyle anılarında birbirinden kopuk adalar gibi yüzecekti.

Anne babası mutsuz bir evlilik sürdürüyordu, sürekli tartışıyorlardı, yoksul denebilecek bir ekonomik düzeyleri vardı. Üç yaşındayken annesi muhtemelen ruhsal sorunlardan kaynaklanan bir hastalık nedeniyle birkaç ay bir hastanede kaldı. Ona bu dönemde hizmetçileri bakıcılık yaptı. Annesiyle yaşadığı bu kopukluk onu tüm yaşamı boyunca etkileyecek, içedönük bir kişilik geliştirmesine yol açacak ve yaşamında uzunca bir süre kadınlara karşı güvensiz bir hale getirecekti.

Çocukluğuna depresyon ve yalnızlık duyguları hâkimdi. Bu yalnızlık duygusu çocukluk yaşantısıyla sınırlı kalmayacak, meslek yaşamında da ömrünün son günlerinde de ona hep eşlik edecekti.

"Kendimi yapayalnız hissediyordum. Biriyle konuşmaya çok ihtiyacım vardı ama konuşacak hiçbir nokta bulamıyordum. Öte yandan beni hoş karşılamayacak, bana güvenmeyecek ve benden korkacaklarını düşünerek kendimi konuşmaktan alıkoyuyordum."

Çocukluk dönemindeyken gördüğü oldukça tuhaf bir rüya ile kendi deyimiyle *"ruhsal yaşamının bilinçdışına"* adımını attı. Rüyasında anlamını çok sonradan çözümleyeceği dinsel bir ayinin motiflerini görmüştü. Bu sıra dışı rüyanın etkisini uzun yıllar hissedecekti ve uzun yıllar aklında hep aynı sorular dolanacaktı: "Benimle bu yolla konuşmaya çalışan kim? Ne tür bir doğaüstü güç işbaşında?"*

1879'da bu kez Basel yakınlarındaki Klein-Hüningen'e taşındılar. Babası burada papazlık yapıyordu, Jung'a göre iyi bir insandı ama duygusal açıdan zayıf ve gelişmemişti, sevgisini cömertçe göstermekten sakınırdı. Bu nedenle yaşamında eksik olan bir otorite figürünün yoksunluğunu yaşayacaktı. Papaz babası bazı geceler gelen ani haberle evden çıkar, sonrasında ağlaşan kadınların eşlik ettiği törenlerde cenaze defnederdi. Bu karanlık ve tekinsiz dünya Jung'un içdünyasında derin bir şekilde yer edecekti. 1884'te kız kardeşi dünyaya geldikten ve okul yaşamına başladıktan sonra hissettiği yalnızlık duyguları daha da arttı. Bir

* *Age.* s. 34

gün öğretmeni tarafından yazdığı kompozisyonu başkasından çaldığı suçlamasıyla ağır bir travma yaşadı. Sık sık geçirdiği bayılma nöbetlerinin sonucunda bir süre okula gitmedi.

Okuldan uzak kaldığı bu dönemde kendini gerçekler âleminden alıp başka bir âleme geçti. Kendi düşünceleriyle baş başa kalıyor, hayallere dalıyor, ormanlarda geziyor ve kendi yarattığı gizli bir dünyada yaşıyordu. Artık yalnız değildi. Kendine ritüeller icat etmeye başladı. Henüz on yaşındayken içinde cetveli olan kilitli bir kalem kutusu ile tuhaf bir bağ kurmuştu. Cetvelin üzerine şapkası, paltosu ve siyah ayakkabıları olan bir adam resmi çizdi. Cetveli kalem kutusunun içine bir yatağa yerleştirir gibi yerleştirdi. Hatta resimden adamın yünden bir paltosu bile vardı. Kutunun içine Ren Nehri'nden aldığı siyah bir taşı da koydu. Daha sonra bu kutuyu o dönemde yaşadıkları evin çatı katına sakladı. Zaten zamanının çoğunu da bu çatı katında geçiriyordu. Ne zaman yalnız ve depresif hissetse taşı ve minik adamı düşünüyordu. Kendince iletişim kurduğu gizli bir dil uydurmuştu. Her okul dönüşü bu gizli dille minik kâğıtlara yazdığı cümleleri kutuya bırakırdı. Bir yıl kadar süren bu ritüel onu endişelerinden uzaklaştırıyor ve dünya ile daha güvenli bir bağ kurmasına olanak sağlıyordu. Bu basit bir çocukluk anısı değildi. Yıllar sonra Freud'la bağlarına tamamen koparacak olan *Libidonun Simgeleri ve Değişimleri* kitabını yazarken karşılaştığı bir yazı zihninde bir şimşek gibi çakacaktı. Bu yazı Avustralya yerlilerinin ruh taşlarını gizledikleri yerlerden bahsediyordu. Bu benzerlik oldukça şaşırtacaktı onu. Henüz küçük bir çocukken taşla yaptığı bu ritüeli nereden bulup çıkarmıştı?

*"İşte ilk kez o zaman, insanların bireysel ruhlarına, hiçbir gelenekle bağlantısı olmayan eski ruhsal öğelerin girmiş olabileceğini düşündüm."**

O günlerdeki düşlerine eşlik eden bir diğer farkındalıksa kendi içinde yer eden iki kişinin varlığının ayrımına varmasıydı. Sanki içinde iki kişi yaşıyordu. Biri sıradan bir okul çocuğuydu, annesi babası ile günlük rutinlerine devam eden 1 numaralı kişilik diyecekti buna. 2 numara ise oldukça farklıydı, o ormanlarda gezer, doğaya, düşlere ve Tanrı'ya yakın dururdu. Psikiyatr olduğunda bu durumun diğer insanlar için de geçerli olduğunu görecekti. Aslında bu ikili durumu daha çocukken annesinde de gözlemlemişti. Gündüzleri sevecen bir ruh hali takınan annesi, geceleri bambaşka bir kadın olurdu. Geceleri ortaya çıkan bu ikinci kadın sanki başka bir dünyadan seslenir, bilgece konuşur ve Jung'un *"doğal zihin"* dediği doğal bir kaynaktan çıkan isabetli sözler söyler, ona akıl verirdi.

* *Age.* s. 43

Ergenlik döneminin en gerilimli çatışmasını papaz olan babasıyla yaşayacaktı. Babasının dinsel yaklaşımı onu epeyce rahatsız ediyordu. Ona sorduğu dini sorular hararetli tartışmalara dönüşüyor, babası ısrarla Jung'dan düşünmemesini ve sadece inanmasını istiyordu. Anlamadığı şeyleri ona sorduğunda çelişkili yanıtlar veriyor, bazen de gerekli açıklamaları yapamıyordu. Jung ise itiraz ediyordu, insan körü körüne inanmamalı, deneyimleyerek bilmeli ve kararı insanın kendisi vermeliydi. Üstelik kendince babasına kıyasla rüyalarında açığa çıkanlarla bu deneyimlere zaten sahipti ve Tanrısal aklı doğrudan bilen biri olarak babasından daha inançlı bile sayılırdı. Babası ve onun mensubu olduğu kiliseyle arasındaki bağın kırılması bir gün dine kabul edilme töreninin ardından oldu. O gün kiliseye kabul edilme töreninde beklediği şey gerçekleşmedi, aradığı Tanrı'yı orada göremedi. Bütünleşmeyi beklediği Tanrı ertesi gün de kendini göstermedi, dünya hâlâ aynı dünyaydı. İçsel olarak ne bir coşku ne de ona atfedildiği gibi bir ışık hissedebiliyordu. Ekmekten ve tatsız şaraptan daha öteye gidemiyordu yaşadığı. Peki neredeydi Tanrı? Neydi? Çocukken gördüğü rüyanın ona ulaşmasını sağlayan şey miydi yoksa?

Bu törenden sonra babasıyla arasındaki bağ da ciddi bir şekilde kopacaktı. Dahası babasına acımaya başlamıştı. Gözünde babası teatral bir oyunu oynamaya zorlanan bir kurbana dönüşmüştü, üstelik onu bu oyundan çıkmaya zorlayacak isyankârlığa da sürükleyemezdi onu. Onu sadece kendisi kurtarabilirdi.

Hiçbir yerden alamadığı yanıtları babasının kütüphanesinde aramaya koyulduğunda neyle karşılaşacağından da habersizdi. Kitaplıkta bulduğu *Dogmatik Hıristiyanlık* kitabını okumaya başladı. Ancak kitapta anlatılanlar da babasıyla giriştiği tartışmaların ötesine gidemiyordu. Kitapta Tanrı kavramı kendi kendine yeten ve dünyayı iyilikle dolduran bir güç olarak anlatılıyordu. Peki o zaman bu kadar kötülük nereden geliyordu? Bu denli yüce bir şey nasıl olmuştu da bu kadar kusurlu bir dünya yaratabilmişti? Belki de suç şeytandaydı, ne de olsa o da Tanrı'nın bir yaratımıydı.

O günlerde annesi Goethe'nin *Faust*'unu okumasını önerdi. O güne dek kuru Tanrı güzellemelerinden ibaret olan kitaplardan farklı olarak bu kez şeytan betimleniyordu. Şimdi karşısında şeytanı ciddiye alan biri vardı ancak *Faust* da onu tatmin etmeyecekti. Peşi sıra gelen felsefi okumalar içine biraz olsun su serpmeye başladı. Deliler gibi okuyordu. Ancak aradığını Schopenhauer'da buldu. İşte dünyanın iyi bir yer olmadığını söyleyen parlak bir akıl bulmuştu. Arkasından Kant'ın *Arı Usun Eleştirisi* geldi ve sonra altın vuruş: Nietzsche... Okuduğu her kitapla ufku genişliyor, sorularıyla derine kazıyordu. Tıp eğitimine başlayıncaya dek felsefe okumaya devam edecekti. Bundan sonra insanların dünyasına karşı daha mesafeli duracak ve Tanrı'nın sınırsız dünyasına daha da çok itilecekti.

"Felsefede gelişmem on yedi yaşımdan tıp eğitimime dek sürdü, dünyaya ve yaşama karşı tutumumu çok değiştirdi. Çekingen, içedönük ve kuşkucuydum. Zayıftım ve yüzüm solgundu. Pek sağlıklı olmadığım kesindi ama sonra her şeye karşı bir açlık duymaya başladım. Ne istediğimi biliyor ve onun arkasından gidiyordum. İnsanlarla daha rahat iletişim kurmaya başladım. Yoksulluğun özürlü demek olmadığını ve acıyı getiren ana neden olmadığını anladım. Mutluluğun ya da mutsuzluğun, cep harçlığının oranıyla bir bağlantısı olmadığını, çok daha derin nedenler olduğunu da."*

* *Age.* s. 97

*"Ben başıma
gelen şeylerin
toplamı değilim,
ben olmayı
seçtiğim şeyim."*

Doğanın ve ruhun çarpışması

"Doğanın ve ruhun birlik olduğu gerçeğini en sonunda bulmuştum."

Psikiyatri alanında çalışmaya karar vermesi 1900 yılında Basel Üniversitesi Tıp Fakültesi'ni iyi bir dereceyle bitirmeden çok kısa bir süre önce olacaktı. Derin bir ikilemde kalmıştı, bir yanda fen bilimlerinin somut gerçekliği, diğer yanda dinlerin zihinsel güçlükleri ve felsefeyle kurduğu bağlantılar arasında gidip geliyor, uzmanlaşacağı alanı seçmekte güçlük çekiyordu.

Basel Üniversitesi'ne başladıktan kısa bir süre sonra çok belirgin bir rüya gördü. Rüyasında yoğun bir sisin içinde ve sert bir rüzgârın ortasında ilerlemeye çalışıyordu, iki elinin ortasında zayıf, cılız bir ışık tutuyordu. Korkutucu bir rüyaydı ama emin olduğu şey ellerinin arasında tuttuğu ışık yandığı sürece her şeyin yolunda olduğuna dair inancıydı. Uyandıktan sonra rüyasını düşündü, o zayıf ışık en değerli hazinesi olan aklı, bilinciydi.

Öğrenciliğinin başladığı bu ilk yıllarda babasının ölüm haberini aldı. Annesi babasının ölümünün ardından "Senin için doğru bir zamanda öldü" diyecekti ona. Çatışmanın sona erdiğinin habercisi gibiydi bu sözler. Gerçekten de babasının ölümünün onun üzerindeki özgürleştirici hissini görecekti, daha konuşkan, daha fark edilen biri haline geldi. Aslında bu kendi tabiriyle bir "dengeleme" çabasıydı ve bunu Heraklitos'tan ödünç aldığı *enantiodromia* kavramı ile açıklıyordu.

Yunanca "tersine koşmak" anlamına gelen enantiodromia bir ödünleme eğilimiydi. Rüyaları yorumlamada ve daha pek çok yerde kullanacağı bu eğilimi en iyi, ailede görmek mümkündü. Çocukların büyüdükçe kendi anne babalarının eksiklerini aşma çabası buna en iyi örnektir. Jung'un babası ile dinsel konularda girdiği çatışmalar sonucunda dinin sadece deneyimle anlaşılabileceğini savunan bir *gnostiğe** dönüşmesi gibi. Ya da yoğun sevginin nefrete dönüşmesinde olduğu gibi. Zıtlıklar üzerine kurulu bu felsefe Jung'un kuracağı analitik psikoloji ekolünün her aşamasında kullanılacaktı. Her şey akar diyordu Heraklitos ancak bu doğadaki tek bir gücün diğerine üstün gelmesi anlamına gelmiyordu. Her şey dönüşür, değişirdi. Hiçbir şey sabit ve kalıcı olamazdı. Dünyadaki bütünsel denge karşıtlar arasındaki bu sonu gelmez çekişmenin sonucuydu. Zihin de

* Gnostik-Yunancada bilen kişi demektir.

bundan bağımsız değildi, zihinsel enerji birbirini dengeleyen zıtlıklar oyunuydu. Ona göre zıtlıklardan doğan gerilimdi enerjiyi yaratan ve Tanrı da bu fikre göre kendince şöyle yorumlanıyordu:

*"Tanrı sadece nur değil, bir ağaç yeşerdiğinde açan son çiçektir, tüm yaratılanların sonunda varacağı kurtuluş noktası değildir yalnızca ya da sadece tüm varlığın eksiksiz ve kusursuz hali değildir. Tanrı aynı zamanda, tüm temel belirsizliklerin en çapraşık ve gizli sebepleridir; olağanüstü paradoksları içine alan derin ve psikolojik bir hakikattir."**

Enantiodromia yasasına göre bilinçli yaşamda aşırı ve tek taraflı bir eğilim oluştuğunda önce zaman içinde bilinçli hareketi engelleyen sonrasında ise bu konumu yarıp geçen eşit derecede güçlü karşı bir konum oluşur. Buna göre evrelerden birinin sonundan karşıtının başlangıcı doğar. Yin Yang sembolü bu yasanın mükemmel bir ifadesidir. Son noktada Yang'ı Yin karşılar ve pozitif olan negatife dönüşür. Bu dönüşüm süreklidir, ırmak metaforunda olduğu gibi her şey sürekli bir akış içindedir.

"Er ya da geç her şey karşıtına koşar."

Babasının ölümü ile ciddi maddi sorunlar kendisini göstermeye başlayacaktı. Okul harcamalarının büyük

* Gerhard Wehr, *Carl Gustav Jung*, Çevirmen: Ayşe Serra Dilek, Şule Yayınları, s. 52

kısmını borçlanarak çözebiliyordu. Kendisine hediye edilen bir kutu puroyu sadece pazarları içerek bir yılda tüketmişti. Fakirlik çektiği bu yılları ileride en değerli zamanlarım diye hatırlayacaktı.

Öğrencilik zamanlarında dinsel konulara daha çok eğilmeye başladı. Bu eğilimi arkadaşları ve çevresindekilerce eleştiriliyordu, sadece annesi hatta annesinin geceleri ortaya çıkan ikinci kişiliği (bilge kadın) onun bu merakını destekliyordu. Bu dönemde odaklandığı konulardan biri de parapsikoloji oldu. Ruh üzerine çokça düşünüyor, dahil olduğu öğrenci kolu etkinliklerinde ruh üzerine tartışmalı sunumlar yapıyordu. Kuzeni medyumdu ve onun eşliğinde 2 yıl kadar ruh çağırma seanslarına katıldı. Bu günlerde edindiği deneyimler "Okült Olarak Adlandırılan Olayların Psikolojisi ve Patolojisi Üzerine" başlıklı doktora tezinin zeminini oluşturacaktı. Seans esnasında transa geçenlerdeki ruhsal değişimleri ve davranışlarını gözlemliyor, notlar alıyordu. Transa geçenler sanki başka bir insana dönüşüyor, bilinmedik hikâyeler anlatmaya başlıyordu, bu onun için sıra dışı bir deneyimdi. Kendisi de kendi bilinçdışıyla temas kurmaya başladı. Bu araştırmaların sonunda iki önemli sonuca varacaktı:

- Bilinçdışındaki kişilikler ya da kompleksler uyandırılabiliyor, canlandırılabiliyordu.
- Kişiliğin gelişimi esas olarak bilinç düzeyinde değil bilinçdışında gerçekleşiyordu.

İşte Jung psikolojisinin temel fikri bireyleşme yani bütünleşmenin temelleri bu seanslarda yaptığı gözlemlere yaslanacaktı.

Onu asıl aydınlatan olay ise mezun olmasına yakın okuduğu bir kitap olacaktı. Krafft Ebing'e ait *Psikiyatri Ders Kitabı*'nı okurken kendisini giderek saran bir heyecanla ne yapması gerektiğini buldu.

Ebing, şizofreni, manik depresif gibi hastalıkları akıl hastalığı kategorisinden çıkarıp birer kişilik bozukluğu olarak tanımlıyordu. Dahası öğrenci olduğu yıllarda psikoloji bir bilim olarak bile görülmüyordu, yazılmış kitaplar sınırlıydı, psikiyatri hor görülen bir alandı. Ruhsal tedavi gören insanlar şehir dışındaki kliniklerde adeta tecritteydiler, akıl hastalığı demek umutsuzluk demekti. O gün zihninde bir şimşek çaktı.

*"Her yerde boş yere arayıp bulamadığım biyolojik ve ruhsal gerçeklerin birlikte deneyime uygulanabileceği tek alan buydu. Doğanın ve ruhun çarpışmasının gerçekleşebileceği nokta sonunda ortaya çıkmıştı."**

Adeta iki koldan birleşen bir nehir coşkun sularına onu katmış, amacına doğru sürüklüyordu. Onun doğasına hizmet edecek alan psikiyatriydi.

---

* Carl Gustav Jung, *Anılar Düşler Düşünceler*, Çevirmen: İris Kantemir, Can Yayınları, s. 141

Mezun olduktan sonra Zürih'teki Burghölzli Üniversite Kliniği'nde Psikiyatri Profesörü Eugen Bleuer'in yanında asistan olarak çalışmaya başladı. Ancak burada sürdürülen tedavilerin sadece istatistiki bilgiler tutmaya yönelik olduğunu gördü, kimsenin hastanın bireyleşmesi ya da gizli öyküsünün peşine düştüğü yoktu, yapmaya çalıştıkları tek şey ellerindeki listeye bakıp, semptomlara uygun bir teşhis damgası vurmaktı. O yıllarından şöyle bahsediyordu:

*"Yalnızca olanaklıya, ortalamaya, sıradana ve anlamsıza inanan, kendilerine yabancı gelen ve önem taşıyan her şeyi yadsıyan ve alışılmadık her şeyi bildik olana indirgeyen sözlere boyun eğmek. Yalnızca, bunaltıcı darlıkta ufuklar ve tekdüzeliğin sonsuz çölü vardı."**

Bu tekdüzelikten çıkışı kendisinin ilgilendiği hastalarda kendi uygulamalarında aşmayı deneyecekti. Karşılıklı diyalog ve analizlerle hastalarındaki gizli öykülerin peşine düştü. Gizli psikozları keşfetmek için sembollerin üzerine eğildi. Başarılı birkaç sonuçtan sonra ismini duyurmaya başladı, hatta özel olarak ona gelenler bile vardı.

Burghölzli günlerine dair önemli bir detayı da burada ekleyelim, o günlerde hastaneye kendini kontrol etmekte zorlanan 19 yaşında genç bir kadın getirilecekti.

* *Freud-Jung Mektuplaşmaları*, Çevirmen: Mustafa Tüzel, Düşün Yayıncılık, s. 12

Varlıklı Yahudi bir tüccarın kızı olan bu kadın geldiği ilk gün büyük bir yaygara koparmıştı. Bir yandan ağlıyor, bir yandan gülüyor, dilini çıkarıyor, bacaklarını kasıyor, hiçbir şeye katlanamıyor ve sadece birazcık sinirli olduğunu anlatmaya çalışıyordu.

Koğuşa alındıktan sonra bu hastayla Jung ilgilenecek ve tedavi süreci ilerledikçe aralarında farklı bir ilişki gelişecekti. Bu ilişkiye dair dedikodular her yanı saracak hatta karısı Emma'nın dahi kulağına gidecekti, daha da ilerleyen dönemde Freud da işin içine dahil olacaktı.* Fakat burada değinilmek istenen sadece bu ilişkinin içeriği değil elbette. Bu kadın, psikanaliz alanında ilk doktora tezi yazan Sabina Spielrein'di. Jung'un mesleki çalışmalarının çoğunda atıf yaptığı Sabina psikanaliz tarihinin unutulmuş kahramanlarından biridir. Ölüm dürtüsü, karşı aktarım gibi kavramların geliştirilmesine önayak olan, tıp eğitimi almış bu akıllı kadın, taburcu olduktan sonra mesleki anlamda kendini geliştirmeye devam edecek ancak en derinini açtığı Jung'a karşı umutsuz bir beklenti beslemeye de devam edecekti. Sabina'nın fikirleri ve bulduğu kavramlar sadece Jung'un değil Freud'un kitaplarında da halen yaşamaktadır.**

---

* Sabina ile olan bu ilişkisi Sabina'nın Freud'a bir mektup yazmasıyla büyüyecek, Jung, Freud'a derin bir itiraf metni yazmak zorunda kalacaktı. İlgili mektuplar için bkz. *Freud-Jung Mektuplaşmaları*

** Burada kısacık bilgi vermekten mutsuz olduğum Sabina Spielrein ile ilgili daha derin bir okuma yapmak için kaynakça kısmındaki kitaba bakınız.

O yıllarda eline geçen başka bir kitapla Jung'un önünde yeni bir kapı daha aralanacaktı. Bu kitap Freud'un *Düşlerin Yorumu* kitabından başkası değildi. Hocası Bleuler okuyup bir eleştiri yazması için *Düşlerin Yorumu*'nu Jung'a vermişti. Kitabı okuduğunda çoğu şeyi anlamadı, henüz pek bilgisi de yoktu ancak okuduğu bazı şeyler bu kitabın ileride bir şaheser olacağını düşündürmüştü. Kelime çağrışım testleri, hipnoz çalışmaları ile geçen 7 yılın sonunda o büyük an gelip çatmıştı. Takvimler 1907 yılını gösteriyordu.

"Yaşamda
esas amacımız,
içimizdeki gücü
keşfetmek, kendi
gerçekliğimizi
takip etmek ve
her şeyimizle
bütün olmayı
başarmaktır."

Usta veliahdını buluyor

"26 Mayıs 1907

Sevgili Meslektaşım

...

Yine de sakin olun, her şey olacak. Ben değilse bile siz her şeyi göreceksiniz. Dilleri anlaşılıncaya kadar beklemek zorunda kalan ilk kişiler biz değiliz.

Yürekten hürmetkârınız

*Dr. Freud"**

O gün tarihe geçecekti.

Genç öğrenci Carl Gustav Jung ve psikanalizin babası Sigmund Freud karşı karşıyaydı.

---

* *Freud-Jung Mektuplaşmaları*, Çevirmen: Mustafa Tüzel, Düşün Yayıncılık, s. 64

Usta ve çırak.

Baba ve oğul.

Jung, enstitüde yaptığı araştırmalara paralel olarak bazı noktaların Freud'un bastırma kuramına denk düştüğünü görmüştü, bunları anlattığı kitabını okuması için Freud'a göndermişti. O dönemlerde daha ismini duyurmamış olan Frued'un, böyle bir çalışmanın odağında olmaktan gururu okşanacaktı elbette. Freud, genç asistanın çalışmasına övgü dolu bir mektupla karşılık verecekti. İlk mektuptan tam 11 ay sonra ise Jung'u Viyana'ya davet etti.

Freud, arzuladığı bilimsel araştırmacı olma şansını yakalayamamış, doktor olmuştu. Hayal kırıklığı içindeydi. Tarihte psikanaliz terimini ilk kez Freud kullanmıştı. Yalnız başına kendi bilinçdışını çözümlemek için uğraşmış ve yorumlarını *Düşlerin Yorumu* kitabında toplamıştı. Profesörlük unvanını aldıktan sonra ise "Psikolojik Çarşamba Akşamları" adlı düzenli tartışma programlarına başlamıştı. Bu toplantılar Viyana'da gitgide duyulur hale gelince Freud da geniş bir çevrenin izlediği odak noktası haline gelmişti.

Aslında bugünün dünyasında modası geçmiş bir isim gibi konuşulsa da psikoloji alanında bir devrime öncülük etmişti Freud. "Delilik", 19. yüzyılda tecride mahkûmdu. Derin psikolojik problemleri olanlar ve "akıl hastaları" bir yerlere hapsedilirdi, hatta bugün şizofreni olarak tanımladığımız hastalıktan mustarip olan erkekler hadım edilir, kadınlarınsa klitorisi çıkarılırdı. Bu eziyeti ilk dindiren isimdi Freud, onları izbe ve karanlık odalardan çekip almış, otoriteyi doktordan kurtarmış, hastayı güven dolu bir odadaki divana yatırmış, doktor olarak kendisini da hastanın yanında konumlandırmıştı. Hastaya kendini anlatma imkânı vermiş ve müdahale etmeden anlatmasını istemişti.

Psikanalizin kurucusu ve genç öğrenci ilk kez 1907 yılının Mart ayında Viyana'da bir araya geliyordu. O gün tam 13 saat durmaksızın konuştular.

*"Freud o güne dek karşılaştığım en önemli insandı. Herkesten farklıydı. Onu çok zeki ve çok akıllı yani olağanüstü bulmuştum. Buna karşın izlenimlerim karmaşıktı. Kişiliğini çözememiştim."**

Bu derin sohbeti daha sonra ikisi de derinlemesine analiz ettiklerinde ortaya çıkacaktı ki o gün bir baba oğul ilişkisine benzer bir bağın temelleri atılıyordu. Jung, kayıp babasını Freud'da bulmuştu, Freud ise kendisinden sonra ekolünü temsil edecek halefiyle konuşuyordu. "Şimdiye dek bana katılan en yetenekli yardımcı" diyecekti Jung için. Keskin bir zekâsı vardı, hevesliydi, cesurdu. Sahip olduğu Hıristiyan kimlik aynı zamanda Freud'un işini de kolaylaştıracaktı çünkü

* Carl Gustav Jung, *Anılar Düşler Düşünceler*, Çevirmen: İris Kantemir, Can Yayınları, s. 181

çocuk cinselliği üzerine yaptığı açıklamalar nedeniyle anti-semitik bir tehdit altındaydı Freud ve kendini güvende hissetmiyordu.

Kimi zaman konferanslarda bir araya gelerek, kimi zaman ziyaretlerle süren ilişkilerini uzun yıllar mektuplaşarak sürdüreceklerdi. Jung, Freud'a çalışmalarını anlatıyor, karşılaştığı önemli vakalarda başına gelenleri yazıyordu. Freud, mektuplarından birine şu satırları not düşmüştü:

*"Böylece kuşku götürmez bir biçimde ileri adım atıyoruz ve ben Musa'ysam, siz de benim ancak uzaktan bakabildiğim vaat edilmiş Psikiyatri Ülkesi'nde Yeşua olarak yerinizi alacaksınız."**

Jung, 1909'da Uluslararası Psikanaliz Derneği'nin başkanlığı görevini üstlendi ve Freud'la sıkı bir işbirliği içinde psikanalitik hareketin mimarı olarak adını duyurdu. Bir çocukluk düşü de gerçekleşmişti ve Küsnacht'ta karısı Emma'nın desteğiyle inşa ettirdiği Bollingen Kulesi'nde yaşamaya başlamıştı.

Bollingen Kulesi'nin onun yaşamında ayrı bir yeri vardı. Daha ufak bir çocukken bir kulede yaşadığını ve kulenin tepesinden insanlara seslendiğini hayal ederdi. Uzunca bir sürede tamamlanan dört kuleden oluşan bu iki katlı yapı yukarıdan bakıldığında bir

---

* *Freud-Jung Mektuplaşmaları*, Çevirmen: Mustafa Tüzel, Düşün Yayıncılık, s. 134

mandalaya benziyordu. Tam orasında mandalanın kalbi yani Jung'un özel odası vardı. Kimselerin girmesine izin vermediği bu odada önemli kitaplarını kaleme alacaktı. Kulenin dört bir yanında benimsediği ve kendini yansıtan sözleri taşıyan kitabeler, heykeller ve resimler vardı. Evin giriş kapısındaysa şöyle yazıyordu: "Çağrılsın ya da çağrılmasın Tanrı vardır."

On altı yıl sürecek ortaklığın üzerinde çoğu zaman gölgeler gezinecekti. 1909 yılında çıktıkları bir Amerika gezisinde birbirlerinin rüyalarını analiz ettiler. Jung, o günlerde meslektaştan ziyade yakın bir dostlukla baktığı Freud'un ona anlattığı bir düşü yorumladı. Ancak Freud yeterince detay vermekten kaçınıyordu. Jung'un ısrarı üzerine otoritesini sarsacağı nedeniyle bunu yapmayacağını ifade etmesi Jung'un gözündeki güven bağını zedeleyecekti. Ona göre Freud *otoriteyi gerçekliğe tercih edecekti.* Aynı gezide Jung gördüğü bir rüyayı Freud'a yorumlaması için anlattığında da Freud rüyayı yorumlayamamıştı. Bu rüya Jung'u kolektif bilinçdışına götürecek ilk rüyaydı.

Rüyasında Jung, "kendi" evim dediği iki katlı bir evdeydi. Üst katta eski eşyalar, değerli tablolar vardı. Alt katı görmek için merdivenlerden indiğinde bu katın daha eski ve 16. yüzyıla ait eşyalarla döşeli olduğunu gördü. Bir kapının önüne gidip açtığında ise mahzene inen bir merdiven gördü. Bu mahzen kemerli duvarlara sahipti ve sanki Roma döneminden kalmaydı. Yerde gördüğü bir yüzüğü almak için eğildiğinde yerdeki taş döşeme kalktı ve başka bir yere inen taştan basamakları fark etti. Basamaklar onu karanlık bir mağaraya götürüyordu. Mağaranın zemininde kırık çömlek parçaları ve ilkel insanlardan kalma kemikler vardı. Ayrıca iki kafatası yine yerde duruyordu.

Bu rüyayı Freud'a anlattığında Freud, kafataslarına takıldı ve düşünde Jung'un kendisinin ölmesi isteğine sahip olduğunu ima eden sorular sordu. Jung'a göre ise gördüğü farklı katlar bilincin farklı katmanlarına karşılık geliyordu. Ruhun altında ilksel bir ortaklığın olacağı fikrini ilk kez bu rüyayla düşünmeye başlayacaktı. Bu rüya Jung'u derin mitoloji okumalarına yönlendirdi.

"Adeta kendi yaptığım bir akıl hastanesinde yaşıyordum. Sentorları, nimfaları, satirleri, tanrı ve tanrıçaları birer hastaymış ve ben onları analiz ediyormuş gibi ele alıyordum."

Jung'un kendi hayal âlemine yönelmesiyle birlikte ufak tefek gerilimler de büyüyünce hemen her usta ile çırağının başına gelen şey onların da başına gelecekti. Jung'un asiliği, kendini ortaya koyma cesareti önüne set çekilmesi imkânsız taşkın sular misali ilişkilerini yıkıp geçecekti, Freud'a hâlâ bir baba gibi saygı duyuyordu ama otoritesi artık etkisini yitirmeye başlamıştı. İlk kıvılcımlar ikisinin de üzerine yoğunlaştığı bilinçdışı ve libido kavramları üzerinden belirdi. Freud'un kişisel bilinçdışı kavramına ekleme yapan Jung "kolektif bilinçdışı" kavramını öne sürdü ve ona göre bu tamamen farklı, canlı, bir özü olan psişik bir varlıktı. Bu varlık çok daha derin bir katmandı ve tüm insanlığın psişik mirasını barındırıyordu. Freud ise bilinçdışının tamamen kişisel ve bireye özgü olduğu konusunda ısrarcıydı ve bunu reddediyordu.

1911 yılında Jung *Libidonun Dönüşümü ve Sembolleri* kitabını yayımladığında gerilim tavan yaptı. Jung böylelikle Freud ekolünden kopuşunu ilan ediyordu. "*Kitabı bitirdiğim an bir mitle yaşamanın veya yaşamamanın ne demek olduğunu anladım*" diyecekti. Ona göre miti olmayan insan ne geçmişle ne sezgi dünyasıyla ne de bugünüyle gerçek bir bağlantı kurabilirdi, sanki köksüz gibi yaşardı. Boynuz kulağı geçiyordu. Freud'un kavramlarını alaşağı edecek açıklamaları peşi sıra yaptı Jung. Libidonun, Oedipus kompleksinin yeni tanımlamalarını sundu. Bu yeni açılımlar sadece onu takip edeceklere değil pek çok psikolog ve psikiyatrın kendi ekollerini kurmasına da önayak olacaktı. Freud için yıkımdı bu.

"Yaşamdaki esas amacımız, içimizdeki gücü keşfetmek, kendi gerçekliğimizi takip etmek ve her şeyimizle bütün olmayı başarmaktır."

Jung dediğini yapmıştı. O kendi gerçekliğini inşa ediyordu.

Jung'a göre Freud yeni bir dogma yaratmaya çalışıyordu, Tanrı yerine cinselliği koymuştu. Sabit fikirliydi, onlara sıkı sıkıya bağlı, her türden eleştiriye kapalı ve hoşgörüsüzdü. Freud'un felsefe okumamış olması onun dogmatik bakmasına yol açıyordu. Ayrıca yaradılış farklılıkları bu tavrın nedenlerindendi. İkisi arasında bu çatışmaya neden olan özellikler Jung'u daha sonra psikolojik tipler üzerine çalışmaya götürecekti ve görecekti ki kendisi bir içedönükken, Freud bir dışadönüktü, aralarında çatışma yaratan şeylerden biri de buydu. Freud mutlak sadakat istiyordu ve Jung'la yaşadığı gerilimli anlarda birkaç kez bayıldığı da olmuştu.

İlişkilerinin kopma arifesinde birbirlerine yazdıkları mektuplar iki öfkeli adamın ruh halini yeterince yansıtır. 12 Kasım 1911 tarihli mektupta Freud Jung'un asi tavrına şu sözlerle kafa tutar:

*"Belki de tünellerimi, sizin maden kuyularınızın daha altından kazarsam, birbirimizle kesişmeyiz ve böylece her gün ışığına çıktığımda sizi selamlayabilirim."**

3 Ocak 1913 tarihinde yazdığı bir mektupta ise Freud, Jung'a kişisel ilişkilerini tamamen sona erdirmeyi önerir.

* *Freud-Jung Mektuplaşmaları*, Çevirmen: Mustafa Tüzel, Düşün Yayıncılık, s. 244

*"Size kişisel ilişkilerimizi bütünüyle sona erdirmeyi öneriyorum. Ben bundan bir şey yitirmem. Çünkü size duygusal açıdan çoktandır daha önce yaşanmış hayal kırıklıklarının etkisiyle pamuk ipliğiyle bağlıydım."**

Jung da 3 Ocak 1913 tarihli mektupla neredeyse noktayı koyar. Ardından dernekten ve dernek için hazırlanan yıllıkla ilgili sürdürdüğü görevinden istifa eder.

*"Biliyorsunuz ki insan gerçekliklerin anlaşılmasında kendi içinde ilerleyebildiği ölçüde yol alır. İnsanın nevrotik semptomları varsa, anlayışında da herhangi bir eksiklik olacaktır. Eğer size karşı makyajsız bir açıklık içindeysem, bu biraz acı verse de size çok iyi gelmeli... Kişisel ilişkiyi sona erdirme isteğinize boyun eğeceğim, çünkü hiçbir zaman dostluğumu dayatmıyorum. 'Gerisi suskunluk.' "***

Yıllar sonra anılarını anlattığı kitapta Jung elbette Freud'un hakkını verecekti. Psikolojik açıdan sorunlu kimselerin ruhuna derinlemesine inmeyi göz alan ilk doktordu Freud. Bu nedenle de saygıdeğer birisiydi. Yıllarca sürecek dostluklarının mahremiyetine Freud'un ölümünden sonra da toz kondurmayarak sahip çıktı.

---

* *Age.* s. 291

** *Age.* s. 292

BBC'ye verdiği bir röportajda Freud'un anlattığı rüyalarda neler vardı sorusuna verdiği yanıt bunun göstergesiydi:

"Yersiz bir soru oldu bu. Biliyorsunuz meslek sırrı diye bir şey var."

"Ama öldü o."

"Bazı meseleler yaşamdan daha uzun sürer."

Liber Novus/Kırmızı Kitap ve bilinçdışıyla yüzleşme

"Tüm hayatım, bilinçdışından patlak veren çağlayan gibi, bazen beni yıkabilecek denli güçlü olan bu akıntıyı anlamaya çalışmakla geçti."

Jung, Freud'la kopuşunun ardından yaklaşık 7 yıl sürecek bir psikoz dönemine girdi. Tamamıyla bilinçdışının derin sularına daldığı dönemini, ölümünden yıllar sonra ailesinin izniyle yayımlanan *Liber Novus-Kırmızı Kitap*'ta tüm açıklığıyla okuyabiliriz. O dönem tuttuğu bir günlüktür aslında *Liber Novus*.

*"Ruhum neredesin? Beni işitiyor musun? Konuşuyorum, sana sesleniyorum. Orada mısın?"**

* C. G. Jung, *Kırmızı Kitap-Liber Novus*, Çevirmen: Okhan Gündüz, Kaknüs Yayınları, s. 104

Bu satırlar kapıldığı selin içinden ilk taşan sözcüklerdendi.

Ve şimdi o bir sele kapılmıştı, tedavi etmeye çalıştığı hastalarının yol aldığı diyardaydı. Campell'ın deyimiyle: "Balinanın karnındaydı." Farklı mitlerde defalarca tekrarlanan döngünün zorlu basamağı, Yusuf'un atıldığı kuyu, Yunus'u Tanrı'ya başkaldırdıktan sonra yutan deniz canavarı... Büyülü eşiği geçmiş, eşik muhafızını alt etmiş, yeniden doğumun gerçekleşeceği o "rahme" düşmüştü. Jung tıpkı bir ölü gibi görünüyordu. Ne de olsa *"Hiçbir yaratık var olmayı bırakmadan daha yüksek bir doğa elde edemez"* idi.*

"Tapınaklara giden yolların ve girişlerinin heybetli heykellerle kuşatılmış olması ve korunması bu yüzdendir: ejderhalar, aslanlar, kılıçlarını çekmiş şeytan avcıları, dargın cüceler ve kanatlı boğalar. Bunlar içerideki daha yüksek sessizlikleri göğüslemeyecek olanları uzakta tutacak olan eşik muhafızlarıdır. Varoluşun tehlikeli yönünün, olağan dünyayı çevreleyen mitolojik devlere ya da balinanın iki sıra dişlerine denk düşen başlangıç belirtileridir onlar. Kendini adamış kişinin bir tapınağa giriş anında bir dönüşümden geçeceği gerçeğini sergilerler. Dünyevi karakteri dışarıda kalır, onu yılanın derisini attığı gibi atar. İçeri girdikten sonra zamanda ölmüş

---

* Joseph Campbell, *Kahramanın Sonsuz Yolculuğu*, Çevirmen: Sabri Gürses, Kabalcı Yayıncılık, s. 109

*olduğu ve Dünya Rahmi'ne, Dünya Göbeği'ne, Yeryüzündeki Cennet'e döndüğü söylenebilir."**

1913 yılı onun için bir dönüm noktasıydı. Bir çeşit deney sürecine girdi ve duygularını imgelere dönüştürmek ve içsel deneyimin derinlerine inmek için bir teknik geliştirdi. "Aktif imgeleme metodu" dediği bu tekniği uygularken yaşadıklarını yazdı ve resimler çizdi. Aktif imgeleme insanın içine bakarak kendini gözlemlemesi ve deşmesiydi. Ruhun zenginliği imgelerde gizliydi ve bu da dünyanın yarısı demekti. Ruh zenginliğini kaybeden insan dış dünyaya kapılırdı, dış dünyanın arzu ve korku sarmalında kırbaçlanarak hayatını tüketir ve bir budalaya dönüşürdü. Ruhunu beslemeyen içindeki karanlığı beslerdi. Yani şeytanını...

Her şey yine bir rüyayla başlamıştı. 1913'ün sonbaharında tüm Kuzey Avrupa'nın bir kan denizi içinde kaldığı bir dizi rüya gördü. Ardından yine Avrupa'yı esir alan dondurucu bir soğukla her şeyin buzlar altında kaldığı başka bir rüya geldi. Rüyaların ne anlama geldiği üzerinde epeyce kafa yordu, kendini sıklıkla sıkışmış ve zapt edilemeyecek kadar sıkıntılı hissediyordu. Aynı yıl savaş patladı. Rüyaların neyi haber verdiği artık ona göre ortadaydı.

"Baştan beri, bilinçdışıyla gönüllü karşılaşmamı benim yönettiğim ve sonucunu merakla beklediğim bir

---

* *Age.* s. 109

deney olarak almıştım. Bugün onun 'bana' uygulanan bir deney olduğunu söyleyebilirim."[*]

Gezindiği diyarda gördüklerini, rüyalarını, görülerini yazmaya, çizmeye başladı. Yolculuğunda ona eşlik eden belli başlı figürler vardı. Salome, Philemon, yılan, İlyas'la adeta kökü çok derinlere uzanan kozmik bir arayışa sürükleniyordu. Doktor çıldırmış mıydı? Kimine göre belki... Belki de çıldırmamıştı, o dönemde kendi içinde fısıldayan bir sesin dediği gibi "Bu bir sanattı" ve o da sanatını icra ediyor, kendi kişisel mitini yaratıyordu. Yıllar sonra hayatın anlamı nedir sorusuna verdiği yanıt "Kolektif bilinçdışını keşfetmem" olacaktı. *Kırmızı Kitap*'ın tamamını Nietzsche'nin *Böyle Buyurdu Zerdüşt*'ünden hareketle benzer bir anlatımla 16 yılda şekillendirecek ve Nietzsche'nin "Öldü!" dediği Tanrı'yı kendi ruhunda canlandıracaktı.

"İnsan kendi ruhunun efendisi olduğuna inanmak ister. Ancak istese de bu tam anlamlıyla mümkün olmaz. Ne ruh halini ne de duygularını kontrol edebilmeyi başarır. Bilinçdışının yaptığı sızıntıyı görürse ve sayısız gizli yolla kendisini etkilediğini fark ederse ancak o zaman kendi kendisinin efendisi olabilir."[**]

---

* Carl Gustav Jung, *Anılar Düşler Düşünceler*, Çevirmen: İris Kantemir, Can Yayınları, s. 213

** Carl G. Jung, *İnsan ve Sembolleri*, Çevirmen: Hatice Mukaddes İlgün, Kabalcı Yayıncılık, s. 79

Jung'un psikolojiye dahil ettiği bilinçdışı kavramı Freud'un bastırılmış arzulardan oluşmuş kişisel bilinçdışı kavramından ayrışır. Kişisel bilinçdışından ayrı olarak bilinçte var olmayan dolayısıyla bastırmayla da ilgili olmayan kompleksler söz konusudur ve adına kolektif bilinçdışı der. Ona göre kolektif bilinçdışının dili semboller, iletişim kanalı ise rüyalardır.

Bilinç, bilinçdışı ile sürekli etkileşim halindedir. Bazı düşünceler bilinçli zihinde yer bulamadığında ya da gerekli değillerse, bilinçli zihinde yer açabilmek için, bilinçdışına atılırlar. Bu bilinçdışına atılan düşünceler belki artık işlevsel değillerdir, bizim için önemini yitirmiştir ya da görmek istemediğimiz, halının altına süpürdüğümüz şeylerdir. Bu tarz bilinçli bilginin bilinçdışına yollanmasına benzer şekilde, bilinçli olmayan yeni içerikler de bilinçdışından bilince yükselir. Hatta bu durumu fark etmek de mümkündür, bazen havada tuhaf bir şeylerin olacağının kokusunu alırız, içimizde bir yer yaklaşan bir şeyleri sezer, bazen tedirgin oluruz, bazen heyecan duyarız. Jung, bu durumu keşfetmenin ona yeni bir bakış açısı kazandırdığını söyler. Bu yeni bakış açısına göre şunu söyler Jung:

"Bilinçdışı sadece geçmiş tarihin toplamından ibaret değildir, gelecek de onda gizlidir. Yeni ve yaratıcı her şeyi içinde saklar."

Pek çok yazarın, sanatçının ilham aldığı, pek çok dehanın beslendiği kaynak işte tam da burasıdır. Örneğin ünlü yazar Stevenson insanın içinde farklı iki kişiliğin barındığı fikrine kafayı takmışken *Dr. Jekyll ve Mr. Hyde* hikâyesinin ipuçlarını rüyasında görmüştü. Yine benzer şekilde pek çok mucidin insanlığın tarihini değiştiren icatlarının tohumları benzer yollarla bilinç düzeyine ulaşmıştır.

Kolektif bilinçdışının kapısı "kişisel bilinçdışının" bilincine varmakla açılır. Çocukluk yaşantılarımıza dair anılar kişiliğimizin bir parçasıdırlar. Kendinizi yaşınızı baz alarak inşa ettiğiniz çok katlı bir bina gibi düşünün. Her kat yeni bir yaşantı ve anıya, eşyaya sahiptir. Her yeni yaşta üstüne yeni bir kat çıkar, yeni deneyimler ve yeni eşyalar eklersiniz. Yetişkinlikte çocukluk zamanlarınıza ait katlarda hâlâ canlı olan, hâlâ daha çocukluk durumda kalan parçalar da sizinledir. Travmalar ve hatırlamak istemediğiniz acı verici deneyimler de... Yetişkin bilincinizle yapmanız gereken şey bu parçalarla uyumlu hale gelip düzenlemek ve kişisel bilinçdışınızı bilinçli hale getirmektir. Yani kişisel çok katlı binanızın içindeki basınç dengesini ayarlamak, her katta nefes alabileceğiniz konforlu odalar yaratmak ve ağırlık merkezini dengelemek.

Yaklaşık 7 yıllık süreç kendi tabiriyle Ay'a seyahat etmek gibidir, bir uzay turistidir ve adeta uzayın boşluğunda yuvarlanıyordur. Henri Ellenberg Jung'un yaşadığı bu dönemi "yaratı hastalığı" olarak tanımlar.

Çünkü bu dönemden Jung inanılmaz bir zenginlikle geri dönecekti. Dibe vurup yükseldiğinde elinde tuttukları onun en değerli hazinesi olacaktı. Yaşamının ikinci yarısında bilinçdışıyla karşılaşmış ve içsel resimlerini izlemişti. Arketipler, tipler, bireyleşme, rüyalar ve semboller üzerine geliştireceği tüm düşüncelerini bu karanlık diyarın zengin ve uçsuz bucaksız topraklarından daha derinlemesine çekip alacaktı.

"Çağımız yeni bir yaşam pınarı arıyor. Ben bir pınar buldum ve bu pınarın tatlı suyunu içtim."*

* C. G. Jung, *Kırmızı Kitap-Liber Novus*, Çevirmen: Okhan Gündüz, Kaknüs Yayınları, s. 51

"Bilinçdışı
bir düş
dokumacısıdır,
siz uyanıkken de o
düşünü dokumaya
devam eder."

Kolektif bilinçdışı ve arketipleri

"Mihenk taşı insanın kendisiyle yalnız olması.
*Yol budur."**

Kolektif bilinçdışını tanımlamak olanaksızdır. Tam olarak ne olduğu ya da sınırları hakkında gerçek bir bilgiye sahip olamayız. Yapabileceğimiz tek şey işaretleri izlemek, belirtileri takip etmek, tanımlamak ve olabildiğince anlamaya çalışmaktır. Tüm zorluklarına rağmen Jung kolektif bilinçdışına dair uzun çalışmaların neticesinde belli başlı arketipsel figürler belirlemişti. Bu figürleri detaylandırmadan önce arketiplerin doğasına bakalım.

Arketiplerin ilk imajları bizlerde rüyalar, fanteziler ya da olağandışı durumlar şeklinde kendilerini gösterirler. Bu imajların her birinin kendine ait enerjileri, güçleri vardır, hareket eder, bizimle konuşurlar ve belli bir amaçları vardır. Hem yaratıcı hem de yıkıcı olabilirler. Bir sanat eseri de bir atom bombası da bu enerjilerden doğar.

---

* *Age.* s. 398

Arketipsel figürlere dair bir şeyin özellikle altını çiziyordu Jung. Her insanın bilinçdışında yer eden bu arketipler hem ilkel insandan hem de ortaya çıktığı kişinin bireysel yaşantısından parçalar bulundurur. Hem yüzyıllardır süregelen deneyimler hem de kişisel yaşantıdan örülürler.

Jung'a göre psişe evrim geçirmiştir. Tıpkı insan bedeninin evrim geçirmesi gibi... Anatomik olarak bedenimizde eskiden var olan ancak zaman içinde kaybolan ya da işlevini değiştiren organ ya da uzuvlarımız vardır. Buna benzer şekilde psişe de evrim geçirdiğinden bilinçdışının bazı içerikleri kadim insanın zihninin ürettikleriyle benzerdir. Hatta bu durumu daha açıklıkla şöyle ifade eder: Bedenimizin yapısı nasıl ki memelilerin ortak anatomik modeline dayanıyorsa zihin de benzer bir tarihe sahiptir. Bu tarihten kasıt zihnin bilinçli olarak kendini dil, kültür olanakları çerçevesinde geliştirmesi değildir. Jung bunlara arketipsel imgeler der.

Psişesi hâlâ hayvanınkine yakın olan ilkel insanın zihninin biyolojik, tarihöncesi ve bilinçsiz gelişimine bir göndermedir bu. Nasıl ki bir biyolog bedensel evrimin izlerini sürebilirse, zihni araştıran tecrübeli biri de rüyaları, primitif zihin ürünlerini, kolektif imgeleri ve mitolojik motifler arasındaki benzerlikleri görebilir. Yani beden gibi psikoloji de evrim geçirmiştir.

"Bilinçdışının arketipsel imgeleri kazların göç etme yeteneği, karıncaların organize olup koloniler kurması,

*arıların besin kaynağının yerini bildirmek için yaptıkları danslar kadar güdüseldir."**

Burada psişe modelinden söz etmek gerekir. Psişe, bilinçdışı kadar bilinçli de olan bütün psişik süreçlerin tamamıdır. Ruhtan farklıdır, ruh sınırları açıkça çizilmiş kişilik olarak tanımlanan işlev kompleksleridir.**

Psişe 3 ana gruba ayrılır:

1. Ego (Bilinçli kısım)

2. Kişisel bilinçdışı (Bilincinde olmadığımız kısım)

3. Kolektif bilinçdışı (Bilincinde olmadığımız kısım)

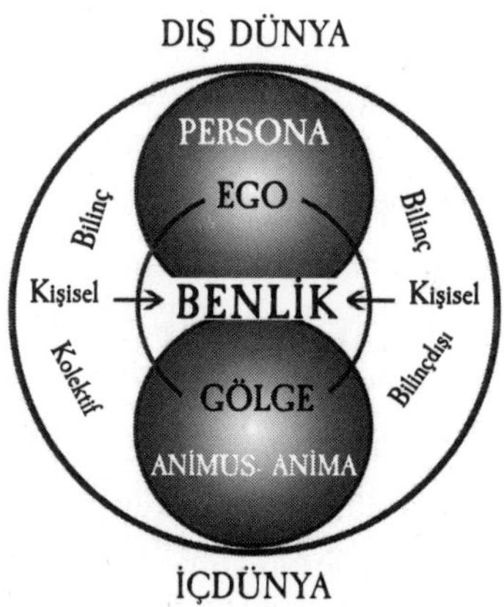

Jung'un Psişe Modeli

* C. G. Jung, *İnsan ve Sembolleri*, Çevirmen: Hatice Mukaddes İlgün, Kabalcı Yayıncılık

** C. G. Jung, *Analitik Psikoloji Sözlüğü*, Çevirmen: Nur Nirven, Pinhan Yayıncılık, s. 54

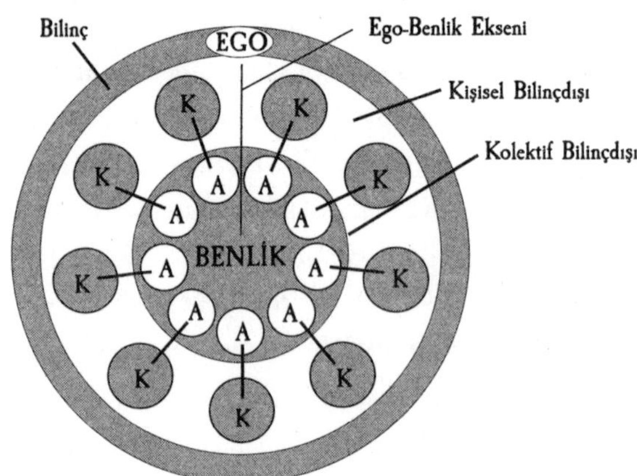

Arketipler içgüdü olarak tanımladığımız öğrenilmemiş eğilimlere benzerler. Hatta o kadar benzerdirler ki arketipler "içgüdüsel davranışın birer modeli"dirler.

Arketip kavramını ilk kez kullanan isim Jung değildi. Yüzyıllar öncesinde Platon "idealar dünyası" diyerek duyusal dünyada algılanan suretlerin ezeli-ebedi-ilk örüntülerini ifade etmeye çalışmıştı. Leibniz "Bilincinde olmadığımız bir anlayışa sahibiz" diyerek benzer şekilde bilinçdışının bu yönüne ilk kez işaret edenlerden biriydi.

Fizikçiler için parçacıklar, biyologlar için genler neyse psikoloji için de arketipler odur. Bilinçdışı inanç, ırk, toplum ve zamandan bağımsız tüm insanlarda benzer imgelerin, duygu ve düşüncelerin ortaya çıkmasına neden olur.

Arketipler hem birer imge hem de duygudur. Mekanik bir sistemin parçası olan felsefi kavramlar değildir. Topluluğa hatta kişiye özeldirler. Rüyalarda görülen arketipleri bu nedenle derinlemesine okumak gerekir. Her arketipin özel bir duygu tonu vardır.

Arketiplerin doğalarını en kolay mitler üzerinden okuyabiliriz. Mitler insan doğasının en temel açıklanma biçimleridir. Kolektif bilinçdışının lisanıdırlar ve her çağda, her toplulukta var olmuşlardır. Bugün de vardırlar. Dinler, şiirler, masallar, ninniler, şarkılar hepsi mitleri ortaya çıkaran benzer yaratıcı gücün ürünleridir.

*"Sizi ele geçiren mit, sizi olduğunuz şeyin ötesine taşır."**

Mitler birer kayıktır, içine bindiğinizde sizi bilmediğiniz coğrafyalara taşırlar, ruhani potansiyelin ipuçlarıdırlar. Üstelik mitler inançları, hapsoldukları kültürel hapishanelerden kurtarırlar çünkü onlar insanın hayal gücünün evrensel birer şarkısıdırlar. Kolektif bilinçdışının tuttuğu, depoladığı tüm kadim bilgi mitlerde işlenmiş, anlatılmıştır. Joseph Campbell'ın, *Kahramanın Sonsuz Yolculuğu*'nun peşine düşmesindeki motivasyonun ardında da bu vardır: *"Dünya mitlerindeki tema ortaklıklarını bulmak ve insan ruhunun derin ilkeleri merkezleştirme konusundaki gereksinimine işaret etmek."* Hemfikir oldukları şey şudur: *"Mitler bize*

---

* Joseph Campbell, *Mitolojinin Gücü*, Çevirmen: Zeynep Yaman, MediaCat Kitapları.

tüm insanlığın yaşam deneyimlerini özetler. Mitoloji daha önce o yolda yürüyen insanlar tarafından çizilen içsel bir deneyim haritasıdır."[*]

Mitler görünen dünyanın ötesindeki dünyayı anlamak ve bu dünyayla ilişki kurmak için vardır. İnsanın ruhani potansiyeline erişen ipuçlarıdır. Dinlerin, mistik inançların ortaya çıkışının kaynağı mitlerdir, antik çağlardan bugüne aktarılan bilgi parçalarıdır. Mitlerin temel motifleri aynıdır ve her çağda hatta bugün bile kendini tekrar eden motiflerdir bunlar. Sadece kostümleri değişir, bu değişimin nedeni de farklı zaman ve kültürlerde ortaya çıkmasıdır. Bu nedenle insanın bugün de kendi mitolojisini yaratabilme gücü vardır. Eğer insan kendi mitolojisini bulmak istiyorsa hangi toplumla bağlantılı olduğunu bulmalıdır. Bunu bulmak ne işe yarar diye sorabilirsiniz. Elbette bu öneri zaman geçirmek için bir meşgale olarak görülmemeli. Yaşamın daha derinlerine inmek, sadece tüketmenin ve yaşamı harcamanın ötesinde başka anlamlar keşfetmek ölümlü ve âciz olan bizlerin yani hepimizin hayatını daha dolu bir hale getirmenin yollarındandır. Herkesin kendi bilinçdışından işe yarar bir şeyler bulup çıkarabilir miyim sorusunu kendisine sorması gerekir. İnsanı bireysel tamlığa ulaştıracak dönüşümün kapısı burada gizlidir. Bu bir banka hesabını şişirmekten ya da dış dünyanın gelip geçiciliğinde sahte şeylere tutunmaktan çok daha değerlidir.

---

* Joseph Campbell, *Mitolojinin Gücü*, Çevirmen: Zeynep Yaman, MediaCat Kitapları, s. 15

*"İstekleri dış şeylerden yüz çeviren kişi, ruhun olduğu yere ulaşır. Ruhu bulamazsa boşluğun dehşeti onu kaplar ve korku onu zamanı kamçılayan bir kırbaçla sürükler ve yine dünyanın sığ şeyleri için umutsuz bir çaba ve kör bir istek duymaya devam eder. Sonsuz isteğiyle budalalaşır ve ruhunun yolunu yitirir ve bir daha da bulamaz. Her şeyin peşinden koşar ve onları sıkı sıkıya tutar ama ruhunu bulamaz çünkü ruhunu ancak kendi içinde bulabilir."**

Bugünün modern insanı eskinin ilkel insanından daha çaresiz ve yalnızdır. İlkel insan gözle görülmeyen ruhlardan ve hayaletlerden korkarken dahi bir uzlaşının peşinde olmuştur ama bugünün insanı anksiyete ve bağımlılığının pençesine düşmüş, rasyonel aklı onu bölünmenin eşiğine getirmiştir. İlkel insanın da şeytanları olmuştur ama bugün gelişmiş uygarlığın bizlere yüklediği korkular çok daha tehlikeli boyutlardadır. Üstelik bugün bizler şeytanlarımızı kovalamak için tamtam bile çalamıyoruz.

Bilinçdışı ileri bilinçten özgürleştirmeye çalışır kendini, içgüdülerle rüyalardaki sembol ve arkaik formlarla hayata katılmaya ve kendini geri getirmeye çalışır, uzaklardan seslenir adeta. Ancak modern insan bilinçdışının kendini çeşitli araçlarla hatırlatmaya çalışmasından korkar ve onu bastırır. Aslında insan bilir ki bu konuşan imge ve arketipler sessiz değildir, aksine hayli

* C. G. Jung, *Kırmızı Kitap-Liber Novus*, Çevirmen: Okhan Gündüz, Kaknüs Yayınları, s. 106

enerji yüklüdür ve bir şeyler ifade etmektedir. Yüklü olması sebebiyle bastırılmasıdır nevrotik insanı yaratan.

*"Belki de bilinçdışınızın söylemek istediği şey o kadar can sıkıcı ki dinlememeyi tercih ediyorsunuz. İnsanlar bazı şeyleri kabul edebilselerdi muhtemelen daha az nevrotik olurlardı. Ancak genel olarak bu şeyler uygunsuz ya da can sıkıcı şeylerdir. Bu yüzden her zaman belli bir miktar bastırma vardır ama asıl olay bu değildir. Asıl olay onların gerçekten bilinçsiz olmasıdır. Bilinçli olması gereken belirli şeyler hakkında bilinçsizseniz o zaman siz ayrışıksınız demektir. O zaman siz sağ eli sol elinin ne yaptığını bilmeyen bir insana dönüşürsünüz. Entelektüel insan için sorun budur."**

Bastırılan her şey yıkıcı bir şekilde gösterir kendini. İkinci Dünya Savaşı'nda Almanya'nın korkunç ilkelliğini göstermesi buna örnektir Jung'a göre. Modern insanın sembollere verdiği olumsuz kayıtsız tepkiler de onun bilinçdışını yeraltına itmesidir. Böylece modern dünyanın insanı sadece batıl inançlardan uzaklaşmaz, maneviyat ile olan bağını da koparır.

"Bana kalırsa inanç insanın en güçlü silahlarından biri olan düşünceyi dışlamaz. Ama ne yazık ki inananların pek çoğu bilimden ve psikolojiden o denli kopmuş

---

* JUNG ON FİLM, Interview with Dr. Richard Evans (Department of Psychology University of Houston in Zurich, 1957

halde ki, ezelden beri insanın kaderine hükmeden gizemli psişik güçlere karşı gözlerini kapatıyor. Bizler her şeyi gizemlerinden ve sırlarından soyduk. Artık hiçbir şey kutsal değil."*

Bugünün insanı eski çağlarda yaşayan insanın yapabildiği içgüdü-bilinçli zihin bütünleşmesini sağlayamamaktadır. Çünkü modern insanın "ileri" bilinci içgüdülerinin katkılarını bilinçdışıyla bağdaştıran araçlardan mahrum etmektedir. Bugünün insanı kendini yalnız hisseder, çünkü artık doğayla bağ kurmamaktadır. Taşları, bitkileri izlemiyor, akan suları dinlemiyor, duymuyor ve onlarla konuşmuyoruz. Dahası onların konuştuğunun da farkında değiliz. Kopan bu bağın sonucunda duygusal enerjimizi de kaybetmiş bir hale geliyoruz.

Bugünün derdi bu, ruhumuzun kaybolması. İşin acıklı tarafı da onu olmayan yerlerde aramamız. Konfüçyüs bu meseleyi harika bir şekilde özetlemiş gibi, şöyle der: *"En zor şey, karanlık bir odada bir kara kediyi bulmaktır, özellikle odada kedi yoksa."*

Bugün doğayla bağını koparmış insanın elinde kalan ne peki?

Bir çıkış kapımız var mı?

Çıkış kapılarımız mitler ve rüyalarımız... Onlar hâlâ bizimle konuşuyor, unutulmuş bir lisanda hikâyeler anlatıyorlar. Bu çözülmesi imkânsız bir muamma değil

* Carl G. Jung, *İnsan ve Sembolleri*, Çevirmen: Hatice Mukaddes İlgün, Kabalcı Yayıncılık

üstelik, yeter ki insan o sese kulak vermeyi bilsin. Yeter ki o hikâyelerin, arketiplerin canlı bir şekilde bugün yaşamın içinde dolandığının farkına varsın.

"Arketipler ancak onların yaşayan bir birey için neden ve nasıl anlamlı olduğunu sabırla anlamaya çalışırsak canlanırlar."*

* *Age.* s. 94

*"İnsan, insanlığın
uzak geçmişteki
yaşantılarının
etkisi altındadır."*

Psikolojik tipler ve dört işlev

"Uzun süre mi asılı kalacağım böyle?"
*"Kendini kurtarmanın bir yolunu bulana dek."**

1921 yılında yayımladığı *Psikolojik Tipler* Jung'un yarattığı ekolün mihenk taşlarından biridir.

Hemen hemen hepimizin psikolojik sistemi aynıdır ancak herkes sahip olduğu bu sistemin donanımlarını farklı şekillerde kullanır. Jung tarafından psikoloji literatürüne kaydedilen ve günümüzde de halen geçerliliğini koruyan "tip" kavramı kişinin ego yani bilinçli kısımdaki algı ve tepkilerinde gösterdiği farklı tutumları ifade etmek için kullanılır.

Jung tutum tiplerini içedönük (introvert) ve dışadönük (extrovert) olarak ikiye ayırır.

---

* C. G. Jung, *Kırmızı Kitap-Liber Novus*, Çevirmen: Okhan Gündüz, Kaknüs Yayınları, s. 385

Dışadönük davranışta libido (Jung'a göre libido yaşamsal içgüdü anlamına gelir, Freud'un seksüel içgüdü tanımından farklıdır) dışarıya akar, olaylara, insanlara ve nesnelere bağlılıkla belirlenir. Dışadönük birinin karakteri dış etkenlerle belirlenir. Dış dünyaya yönelik bu tutum kişiyi daha girişken, dobra, bazen kavgacı bazen de kaygısız ve kayıtsız yapar. Nesnelere yönelik olumlu yaklaşımdan dolayı bu tipteki insanlar belli bir durum karşısında beklemeden ileri atılırlar.

İçedönük tutumda ise içeri akan libidodan dolayı bu tipteki insanlar belli durumlar karşısında geriye çekilme halindedirler, dudaklarından dökülmese bile sanki içten içe hayır derler. İçe akan libidodan dolayı "iç gereksinme" üstündür. Bu tiptekiler genellikle dış dünyaya karşı güvensizdirler. İnsanlarla temas kurmaktan ziyade düşünmeyi seçerler, içdünyalarıyla ilgilenme eğiliminde olan içedönükler her şeyi içine atan, kararsız, dalgın, savunmacı yapıdadırlar.

Günlük yaşantıda iki farklı tutuma sahip tipi ayırt etmek kolaydır. Herkesle iyi kötü iletişim kuran, sosyal bir karakterle kendi içdünyasına yönelmiş suskun ve gizemli karakter birbirine tamamen zıttır. Bu tutumların alışkanlık halini alması ve baskın olmasıyla birlikte içedönük ya da dışadönük tipler ortaya çıkar. Elbette gün içinde ya da dönemsel olarak hepimiz kendi doğamızdan farklı tutumlar sergileyebiliriz ancak genel eğilim hangi yöndeyse o kişi için o tipte olduğunu rahatlıkla söyleyebiliriz.

Buraya kadar özetlenenler tutumların bilinç düzeyindeki fenomenleridir. Jung psikolojisindeki dengeleme prensibine göre bu tutumlardaki aşırılıklar bilinçdışında telafi edilirler. Peki bu aşırılıklar nelere yol açabilir?

Fazlasıyla dışadönük bir tutum nesnelere gömülmeye yol açar. Bunun sonucunda da fiziksel ve sinirsel işlev bozuklukları ortaya çıkar. Bu bozukluklardan en belirgin olanı Jung'a göre histeridir. Histeriklerin en belirgin özelliği sürekli ilgi yaratma çabasında olmalarıdır. Nesnelere bağımlı olma hali nedeniyle daima ilgi odağında kalma uğruna kendilerini deforme ederler, bu da kişinin diğer insanların kolayca etkisine girmesine yol açar ve telkine açık bir hale getirir.

Fazla içedönük tutum ile nesneden tamamen kopuş Ben'in ölçüsüzce şişmesine neden olur. Ben, öznenin yerini aldığında dengeleme gereğince önemini yitiren nesne bilinçdışında telafi edilir. Bunun sonucundaysa bir egemenlik kurma çabası ve dolaylı olarak nesnenin kölesi olma hali ortaya çıkar. Nesneden kendini koparmak ve otoritesini nesneye kabul ettirme çabası zorlu bir iç mücadeleye dönüşür. Bu tipteki aşırılık psikasteni olarak ortaya çıkar. Psikasteni takıntılar, saplantılar, fobiler ve verimsiz uğraşılarla ortaya çıkan bir nevroz türüdür ve tükenmeye yol açar.

"Psikolojik Tipler" başlığı altında bu iki tutuma ek olarak dört işlevden de söz edilir. Dört işlev bilincin deneyime yönlenmesini belirleyen araçlardır. Buna göre:

- Duyumsama, bize bir şeyin var olduğunu
- Düşünme, onun ne olduğunu
- Duygu, o şeyin bizim için makul olup olmadığını
- Sezgi ise o şeyle ilgili olasılıkları anlatır.

Bu dört işlevle dış dünyadaki yargılarımız oluşur. Dört işlev söz konusu olduğunda da yine hangi davranışın baskın olduğu tipi belirler.

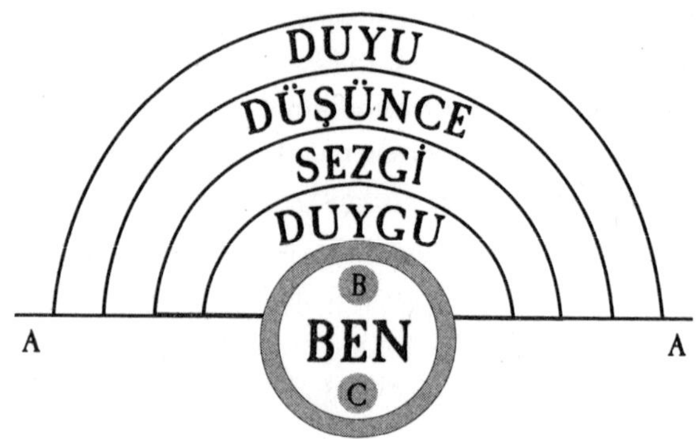

Egonun işlevleri

Bu iki tutum ve dört işlev genellikle bir arada seyreder. Örneğin dışadönük hisseden bir tip düşünmeyi askıya alır, nesneye bağımlı bu hal sonucunda mantıkdışı davranışlar sergilenebilir, hissiyatı bozan her şey reddedilir. Jung genellikle bu tipteki kişilere daha çok kadınlar arasında rastladığını söyler. İçedönük düşünen bir tip fikirlerden etkilenir, bu tipler fikirleri kendi içlerinde yoğunlaştırmanın peşinden giderler. Dışadönük sezgisel bir tip ise bilinen ve yerleşik olandan ziyade ihtimallerin peşine takılır, onlar için acımasız maceracılar da denebilir. İki tutum ve dört işlevin kombinasyonunda çıkan 8 tip özelliğini *Psikolojik Tipler* kitabından derinlemesine okumanız önerilir. Hem kendinizi hem de yakın çevrenizdeki insanları çözümlemek adına önemli ipuçları elde edeceğiniz kesin.

Tüm bu yönelimleri derinlemesine okumak basit olmayan insan doğasını anlamak adına çok aydınlatıcıdır. Ancak burada önemli bir notu da düşmekte fayda var, bu tutumlar baz alındığında Jung psikolojisinin de içedönük olduğunu söylemeliyiz. Çünkü onun en çok ilgisini çeken etkenler de içdünyaya özellikle de "kolektif bilinçdışına" özgüdür. Jung, böylelikle Freud ve Adlerci teoriyi tersyüz eder. İnsanlara ve dış dünyaya odaklanmış Freudcu ve buna ek olarak iktidar odaklı Adlerci teorinin zayıflığından bahseder.* Ancak şu önemli notu da düşer:

"Ruh sınıflandırılamaz. Psikolojik tipler insanın psikolojisini daha iyi anlamak adına aralanmış bir kapıdır."

Pek çok insan bir ya da iki işlevi beraber kullanır. İlerleyen bölümlerde bahsedeceğimiz bireyleşme süreci içinse dört işlevin de kişiliğe katılması ve zıtlıkların

* Frieda Fordham, *Jung Psikolojisinin Ana Hatları*, Çevirmen: Aslan Yalçıner, Say Yayınları, s. 37

uzlaştırılması gerekir. Tüm bu uzlaşma halini bir küre ya da daireye benzetebiliriz, çoğumuz bunun sadece çeyreğine sahibizdir. Kendimizi dış dünyaya daha uyumlu hale getirmek için en iyi işlevimizi parlatır, geliştirir ve ön plana çıkarırız. Ancak bir yandan da bu uyumlu kılma çabasının sonucunda yaşadığımız topluma, kültüre ve konuma göre bazı eğilimlerimizi bastırırız.

Peki ya bastırdıklarımızı nereye gider?

"İnsan kendine
körken, tüm
uğraşılarında
bilinçsiz bir
karanlığı taşırken,
yolunu düzgün
bir şekilde nasıl
görebilir?"

Persona, gölge, anima, animus

"Geleceğe giden hazır bir yol yok.
*Yolumuza devam ederek yollar yapıyoruz."**

Bastırılan her şey varlığını başka bir yerde sürdürür, hiçbir yere kaybolmaz ve ayrı bir kişilik sistemi oluşturur.

Bir çocuğu gözlemlediğinizde ondaki tutkuyu, benmerkezciliği, kavgacı tutumu rahatlıkla görürsünüz. Yetişkinlikte ise tüm bu davranışlar geri plana itilir, anne babalar, eğitimciler ve toplum kabul edilemeyen bu davranışların geri plana atılması gerekliliğini salık vererek yetiştirir çünkü bizi. İçten gelen bu eğilimlerin unutulduğunu sanan yetişkinlerse kendini bazı rollere kaptırır. Kendisinin muazzam renkte ve

* C. G. Jung, *Kırmızı Kitap-Liber Novus*, Çevirmen: Okhan Gündüz, Kaknüs Yayınları, s. 304

güzellikte çiçeklerin olduğu bir bahçede yaşadığını düşünür. Ancak bahçede "göremediği" yabani otlar vardır.

Bu yabani otlardan biri "persona"dır.

İnsanın dış dünyayla uzlaşma çabası üzerine taktığı bir maskedir persona.

Persona kolektif bilinçdışına ait bir parça olmakla birlikte aynı zamanda kişiliğimizin dış dünyaya ait olan bölümüdür. Aslında *ne olmadığımızdır.* Adını antikçağda aktörlerin oynadığı rolü belirtmek için yüzlerine taktığı maskeden alır.

Bilinçli ya da bilinçsizce taktığımız bu maske ile kendimize bir vitrin oluştururuz ve bu vitrine yapay parçalar ekleriz. Dış dünyadaki ilişkilerimizi bu maskeyle düzenleriz. Toplum da bizden bunu ister, böylece toplumda neysek o oluruz. Bir öğretmen öğretmen gibi davranır, bir rahip ise rahip gibi. Herkes vitrinine göre davranır.

Persona insan için iki tehlike barındırır. Gelişimi önemsenmediğinde dünyada konumunu belirlemekte sıkıntı yaşayan huzursuz insan ortaya çıkar. Fazla benimsendiğindeyse kişi kendisini rolüne fazla kaptırır ve kendine yabancılaşır. Bir nevi VR gözlüğüyle oynadığı oyunda kaybolmak gibi...

Oysa gerçek kişilik, maskenin altında gizlidir.

"Persona bir anlamda toplumun beklentilerine göre şekillenir. Diğer yandan kişinin nasıl biri olmak istediği

*veya nasıl biri olarak görünmek istediğiyle de ilgili karmaşık bir sistemdir. Ancak bu gerçek kişilik değildir, kişi istediği kadar bunun gerçek ve samimi olduğunu iddia etsin yine de değildir. Personanın kendisini göstermesi de başlı başına bir sorun değildir, yeter ki göründüğün gibi olduğun fikrine kapılma. Ancak bunun ayrımına varamıyorsan tatsız çatışmalarla karşılaşmak sürpriz olmaz."**

Bahçenin yabani otlarından bir diğeri "gölge"dir. Çocukluğumuzdan itibaren şekillenmeye başlayan personada aile ya da toplum tarafından onaylanmayan, kabul görmeyen şeyleri bastırma, benimsenenleriyse parlatma ihtiyacında oluruz. Bastırılanlar kişisel bilinçdışına itildiğinde ortaya gölgemiz çıkar.

Tıpkı bedenimize vuran gün ışığının yerde gölge yaratmasına benzer şekilde egomuz da bilincimizin ışığında bir gölge oluşturur.

Gölge, içimizde engellenenleri yapmak isteyen, olamadığımız her şeydir. Bazen ne yaptığımızı bilmeyecek kadar kontrolden çıktığımız anlar vardır. "Bu ben değilim" deriz böyle anlarda. İşte bu anlar gölgemizin kapının altından süzüldüğü ya da camımıza taş attığı zamanlardır. Gölge, bir yanıyla kişisel bilinçdışında yer alır. Dizginlemek zorunda olduğumuz vahşi isteklerimizdir. Ne topluma ne de ürettiğimiz personaya uymayan istek ve duygularımızdır.

---

* JUNG ON FILM, Interview with Dr. Richard Evans (Department of Psychology University of Houston in Zurich, 1957

Aslında gölgeyi en iyi iş yaşamında uyumlu, başarılı bir imaj sergileyen birinin aile yaşamında ortalığı kırıp geçiren aksi ve katlanılmaz birine dönüşmesi üzerinden anlatabiliriz. Ancak burada önemli bir soru cevaplanmak üzere beklemektedir: Bu iki kişilikten hangisi gerçektir?

Gölge aynı zamanda kolektif bilinçdışıyla da ilgilidir. Hem çocukluktan itibaren eklenenler hem de ta ilk insandan aktarılan parçalar vardır. Hem kişisel hem de kolektif bir içgüdüsel bir sistemdir.

Sinemada farklı gölge arketiplerine rastlarız. Hannibal Lecter örneğin bu arketipin en iyi ifadelerindendir. Maskenin ardındaki kontrolden çıkmış deli tüm insanlardaki şiddet eğilimini ifade eder. *Psyco* (Sapık) filminin baş kahramanı Norman Bates hem kendisi (persona) hem de kötü annesidir (gölge). Batman, Zorro gibi iyi davalar uğruna savaşan kahramanlar da intikam ve şiddet içeren yöntem ve motivasyonlardan beslendiklerinden gölgesi olan karakterlerdir. *Star Wars* üçlemesinin baş kahramanı Luke Skywalker'ın trajik tarafı ise gölgesi olan babası karanlıklar lordu Darth Vader'la mücadele halinde olmasıdır.

İnsan var oldukça gölgesi de olacaktır, olmalıdır da. Çünkü ışık varsa gölge vardır. Burada bize düşen karanlıkla bütünleşmektir. Onu yok saymak faydasız aksine tehlikelidir. Onun dilini anlayıp uzlaşmaktır çözüm. Fakat gölgeyle yüzleşmek cesaret ister, en aşağılık ve vahşi tarafınızla bir masada karşılıklı oturmak ve onun gözlerine bakmak... O masadan el sıkışarak kalkmak "büyük bir manevi güç" ister.

Toplum baskıcı ve kısıtlayıcı olduğunda gölgemiz de bastırılır, bastırılan şey ise daha fazla büyür ve genişler. Kişilerin olduğu gibi toplumların da gölgeleri vardır. Toplumsal ayaklanmalarda, salgınlarda, savaşlarda toplumsal gölgenin davranışlarını daha net görürüz. Özellikle bastırılan ve yadsınan taraflar iyice su yüzüne çıkar.

Gölgeyi sadece bastırmayız aynı zamanda onu yansıtırız da. İnsanın, kendi bilinçdışı eğilimlerini başka insanda görmesine yansıtma (projeksiyon) denir. Klasik bir söz vardır, eleştirdiğiniz her şeyde biraz da sizden bir parça bulunur. Savaşlar toplumsal gölgenin birer yansımasıdırlar, bastırılan tüm düşmanca eğilimler böylelikle vücut bulur. Her türden nefret ve düşmanca eğilim gölge üzerinden harekete geçer. Gölgenin bu çalışma mekanizması pek çok siyasi lider tarafından araç olarak da kullanılır. Hitler buna örnektir. Her türden mezhepsel ayrımcılıkta, soykırımda, katliamda işbaşında olan gölgedir. Bireysel anlamda gölgeyle barışma bu nedenle önemlidir, böylece toplum da gölgesiyle barışacaktır. İnsanın bütünleşmesi, topluma ve dünyaya da uyum ve evrensel barışı getirecektir.

Gölge, kişisel bilinçdışının karanlık koridorlarında gezinen kötücül bir hayalet gibi tanımlansa da yaratıcı bir hale de dönüştürülebilir. Onu görmezden gelmek mümkün değildir, aksine bu durum onu daha da sinirlendirir. O halde gölgeyle uzlaşmanın yolları kovalanmalıdır.

Gölge, sadece kişiliğimizin bilinmeyen genellikle kıskançlık, ilkel, şehvete düşkün, iktidar saplantılı, açgözlü, öfkeli, şiddete eğilimli, mücadeleci gibi özellikleriyle tanımlanabilen, sosyal ve dini açılardan değersiz görülen duygu ve dürtülerden ibaret değildir. Orada sadece karanlık yoktur, bazen iyi özellikler de bastırılır ya da bu kötü eğilimler dönüştürülebilir. Gölgeyle yüzleşme bu yüzden ahlaki bir sorumluluktur der Jung ve bu sorumluluk egoya aittir. Ne olduğunuz, ne yapmakta olduğunuzla ilgili egoyla yapılacak bir hesaplaşma gereklidir. Karanlık tarafları dönüştürmek, gölgeyle birlikte bastırılan içgüdüleri ve yetenekleri bilinçli hale getirmek yaşamı tamlığa getirecek değerli bir çalışmadır insan için. Bunu yapmak *hem ruhsal bir bağışıklık kazandırır hem de doğamıza uygun parçaları almayı ve telkinlerden korunmayı sağlar.*

Şüphesiz içimizde kötücül bir şeylerin varlığını kabul etmek manevi bir cesaret gerektirir. Ancak aksi durumun sonuçları daha korkutucudur. Personanın aynasını parlatmak hiçbir işe yaramaz, arkada karanlık beslenir ve o karanlıktan çıkan bir ejderha her şeyi yutuverir. Kendimize dair sevimsiz bir gerçekle yüzleşme aynı zamanda o sevimsizliği düzeltme fırsatını yaratır. O zaman gölgeyi ehlileştirmenin peşine düşmek gerekiyor. Kendimizde barındırdığımızın farkına varamadığımız, sürekli dış dünyaya yansıttığımız eleştirilerimizi gözden geçirmeye ne dersiniz?

Gölgemizle hesaplaştıktan sonra, bilinçdışının daha derinine indiğimizde anima ve animus ile karşılaşırız. Anima ve animus gölge ve personadan farklı olarak cinsiyetlerle ilişkili arketipler olarak karşımıza çıkar.

İçine doğduğumuz dünyadaki dış etkenler hiç şüphesiz kişilik gelişimimizi etkiler. Ancak Jung'a göre bu dış faktörler daha çok kişisel yatkınlıklarımızın belirleyicisidir. Persona, gölge ve tiplerin ortaya çıkışında rol oynayan benzer etkiler cinsiyet gelişiminde de etkilidir. İnsanın bir *tabula rasa* yani boş bir levha olarak dünyaya gelmediğine dair inancı ile cinsiyetin de biyolojiden ve arketipik eğilimlerden etkilendiğini savunur. Eril ve dişilin iki temel arketipik ilke olduğunu ve Tao felsefesindeki yin ve yang gibi iç içe geçmiş, dengeli bir sistemde bir arada duran iki parça olduğunu vurgular.

Anne, dünyaya geldiğimizde temas kurduğumuz ilk insandır. Bizim için bir *benlik taşıyıcısıdır*. Cinsiyetten bağımsız olarak dünyaya geldiğimiz ilk andan itibaren anne ile bilinçdışında yoğun bir özdeşleşme yaşarız. Cinsiyet farkındalığına varmak içinse bu yoğun özdeşleşme halinden sıyrılmak gerekir. Ancak kız çocukları için ortak doğayı paylaştığı anneden kopuş, erkeğe göre daha kolaydır, çünkü kız çocuğu için annenin doğası tanıdıktır. Burada erkek çocuk için baba hayati bir önem taşır. Baba ile özdeşleşen erkek çocuk dönüşümünü tamamlayabilir. Burada elbette kız çocuğu için babanın hayati önemi de devrededir, zira kız çocuk da ileride hayatına alacağı erkekleri kendi babasıyla yapacağı özdeşleşme üzerinden şekillendirir.

Bu ayrım bir bilinç uyanışıdır. Bu bilinç uyanışının yani anne ve babanın ayrılmasının metaforik anlatımları mitolojide, masallarda ve yaratılış efsanelerinde sıklıkla karşımıza çıkar, örneğin Maorilerde ya da Eski Yunan'da Gök Baba ve Toprak Ana'nın ayrılmasıyla karanlıktan bir ışık doğar, yaşam başlar. Anne arketipi evrensel olarak Toprak Ana, Bereket Tanrıçası olarak vücut bulur. Baba ise Kral'dır, Yaşlı Bilge ve yasa koyucudur. Anne Eros'tur, aşkın esası; baba ise Logos, aklın ve yargının ifadesi.

Jung 1913'ten sonra bilinçdışının derinliklerinde yüzerken bir gün bir ses duymuştu. Bu ses ona uğraştığı şeylerin bilim değil bir sanat olduğunu fısıldıyordu. Bunu duymak pek hoşuna gitmedi ilk başlarda, hatta bir süre inatlaştı bu fikirle. Ancak sonra bunu kendi içinde analiz etmeye çalıştığında konuşanın bir kadın olduğunu fark etti. Peki kendi içinde konuşan bu kadın kimdi? Dahası ne istiyordu ondan? Çalışmalarının sonunda her erkeğin bilinçdışında var olan tipik bir arketip olduğu fikrini çıkardı ve ona bir isim verdi: Anima.

Anima ve animus.

Erkeğin içindeki kadın, kadının içindeki erkek...

Bilinçdışı arketiplerden anima ve animusun kabaca tarifi erkeğin bilinçdışındaki dişi öğe ve kadının bilinçdışındaki erkek öğedir.

Erkekteki dişe ruha anima denir. Erkeğin bilinçdışında yer alan kolektif bir imajdır anima. Anima, erkek çocuğun ilk yakınlık kurduğu kadın olan anne ile birlikte daha sonra yaşamına giren tüm kadınlar ve yüzyıllardır aktarılan kolektif bilinçdışındaki kadın imajının toplamıdır. Erkekler bilinçsiz olarak hayatlarına giren kadınlara bu imajı yansıtırlar.

"Her anne ve her sevgili, erkeğin içindeki derin gerçekliği oluşturan ve her zaman var olan, bu zamansız imajın taşıyıcısı olmak zorunda kalır."

Animanın tıpkı gölge gibi iyi ve kötü tarafları vardır. Bir tarafıyla soylu ve bilge tanrıçalara benzer, diğer tarafıyla ise baştan çıkarıcı bir fahişeye. Örneğin Hz. Meryem animanın iyicil tanrıça tarafına örnektir, Yunan mitolojisinde, *Odysseus* destanında tatlı sesleriyle denizcileri büyüleyip yok etmek için derin sulara çeken sirenler ise karanlık tarafa...

Erkek animasına göre aşk ilişkilerini ve evliliğini yönlendirir. Bazen bazı çiftlere bakıp bir erkeğin yaşamına dahil ettiği kadında ne bulduğunu anlamadığınız tuhaf eşleşmelerin sırrı animanın etkisindendir. Erkek animasını sadece annesiyle olan ilişkisi ve diğer kadınlar üzerinden yansıtarak göstermez. Erkek ayrıca animayı nesnelere de yansıtır. Pazar sabahları evinin önünde sevdiği arabasını köpükle ve bol suyla yıkayan bir erkek arabasını tıpkı bir kadını sever gibi yıkar. Başka örnek ise gemilerdir. İngilizcede cansız nesneleri işaret etmek için "o" kelimesi anlamına gelen "it" zamiri kullanılır. Ancak söz konusu bir gemi olduğunda "she" olarak tanımlanır. "She" İngilizcede bir kadını tanımlamak için kullanılan bir zamirdir ve geminin cinsiyeti dişidir, gemi aynı zamanda rahimdir, sarmalayandır.

Anima etkisi kendini duygu ve davranışlarındaki kadınsı yönlerle de gösterir. Bazen her şeyi değersizleştiren ve yıkıcı bir şekilde eleştiren, alıngan, aşırı duygusal biri haline getirebilir erkeği. Fanteziler, duygu patlamaları, aşırı sezgisel olma yine animanın erkek ruhuna etkileridir. Bir erkek kendisini animasına fazla kaptırdığında duygularını denetleyemez. Bu zorlayıcı etkilerden farklı olarak animanın erkekteki olumlu etkisi erkeğin zihnini iç değerlerle uyumlu hale getirmesidir.

Kadındaki erkeksi taraf animustur. Anima gibi 3 boyutludur. Baba, kadının hayatına giren erkekler ve ilk erkekten bugüne tüm erkeklerin toplam kolektif imajı. Anima gibi aydınlık ve karanlık tarafları vardır.

Dış görünüm olarak oldukça kadınsı özellikler taşıyan bir kadın daha çok güçlü bir animusa sahip olabilir. Kendini dikte eden, dik başlı, soğuk ve ulaşılamaz eril taraflar animusu gösterir. Erkeğin animasını annenin şekillendirmesine benzer şekilde bir kadının animusunu da baba şekillendirir. Erkek arketipinin doğası yasa koyuculuk animusta kendini aşırı gösterdiğinde kadını yıkıcı bir hale getirebilir ve ona aşağılık duygusu verebilir. Yıkıcı olduğu anlarda eleştirel ve dedikoducudur animus, bazen iyilik yapma pahasına incitícidir. Eğitim ya da zekâyla ehlileştirilemez. Bir yönüyle dogmatiktir. Kuralları vardır, kadının iktidar kurma istediğinin hükmedici sesidir.

"Anima ruh durumlarını, animus düşünceleri üretir. Yani bir kadının düşünmesi ile erkeğin sezgisi ve duyguları bilinçdışındaki bu arketiplerin etkisi altındadır."

Peki ehlileştirilmiş bir animus kadına ne verir?

Eğer kadın eleştirel gözle bakarak animusun sınırlarını anlarsa onu bilgi ve gerçeği keşfetme yönünde harekete geçirebilir. Animusu ile bütünleşen bir kadın eleştiriyi bırakır, manevi derinlik kazanır, cesaret, doğruluk ve girişimci bir ruhla hayatını zenginleştirecek yeni bir yol inşa eder. Yaratıcı cesaretle donanmış bir animus, kadını yaratıcı fikirlere erkeklerden daha açık hale getirir. Kadim zamanlarda bilici denen kimselerin, falcıların, kehanette bulunanların sıklıkla kadın olması bununla ilişkilendirilir.

Anima ve animus kendisini yaşlı bilge adam ve yaşlı bilge kadın olarak da gösterir. Jung'un *Kırmızı Kitap*'ta anlattığı ve psikoz dönemindeyken karşılaştığı figürlerden ikisi bunlardır. Yaşlı bilge adam arketipi kahraman, doktor ya da kurtarıcı gibi farklı kılıklarla karşımıza çıkar. Bu arketip kişilik açısından ciddi bir tehlikeyi de barındırır. Harekete geçmesiyle insanda kendisinde hastalıkları iyileştirme ya da büyük mucizeler yaratma yeteneğine sahip olduğu algısını uyandırır. Zaman zaman ortaya çıkan sahte peygamberler buna örnek verilebilir. Bu kişiler kendisine taraftarlar toplayıp, insanları etkisi altına alabilirler. Yarı-tanrılığa soyunan bu kimseler eleştirel bir sağduyudan yoksundurlar ve kendilerine atfettikleri gibi bir bilgelikle dolu değildirler. Burada ana görev yarı-tanrısal güçlere sahip olunduğu yanılgısından kurtulmaktır. Bu gizli gücün sesini akılcı bir şekilde sakinlikle dinleyen biri, kendisinin aracılığıyla bu sesin işlendiğini fark ederse tamlaşma, bireyleşme yolunda ilerleyebilir. Aksi durumda bu insan kaybolur.

Büyükanne arketipinin kadında ortaya çıkması da benzer etkilere neden olur. Böyle bir kadın sınırsız sevgi, merhamet ve yardım sunar. Etrafındakilerin bir anlamda "kendi çocukları" olduğu duygusuyla hareket eder ve onları kendine bağımlı hale getirebilir. Bu bağımlı kılma hali yıkıcı boyutlara vardığında kontrol edilmeye çalışılan kişilerde içgüdü yitimine neden olur ve onları hapsederek kişiliklerine zarar verir.

Yaşlı kadın ve yaşlı adam arketiplerinin etkisinde kalmaya "şişme" denir. Şişme tamamen kolektif bilinçdışının himayesinde olur, tanrısallık ya da süper-kahramanlık hissi gerçekte hiçbir kişisel özellikle alakalı değildir. Egonun kendini bu sınırsız güç inancından kurtarmasıyla -ki bu büyük bir çaba ister- kişi kendini bilinç ve bilinçdışı arasında bir yerde dengeye getirebilir. Bu yer "öz"dür. Öz, bütünlüğün merkezidir. Orada insana dair en iyi özelliklerle birlikte en aşağılık olan taraflar da vardır ancak hepsi bir denge içindedir. Öz, hem bilinci hem de bilinçdışını çevreleyen çemberdir.

*"Bir arketip her zaman bir çeşit kısaltılmış dramdır. Çok çeşitli yollarla başlar, çok çeşitli komplikasyonlar doğurur ve çok çeşitli şekillerde bir çözüm bulur. Arketip bir zorlamadır, kendi otonomisi vardır ve birden sizi ele geçirir. Sizi hapseder sanki. Mesela ilk görüşte aşk böyle bir olaydır. Karşınızdaki kadını hiç tanımadan onu görür görmez zihninizde bir imge oluşur ve yakalanmış, ele geçmiş olursunuz. Belli bir 'hapis' sürecinden sonra berbat bir hata yaptığınızı fark edebilirsiniz. Seçtiği kadını aslında kendisinin seçmediğini ama ondan bir türlü kurtulamadığı için benden yardım isteyen biri vardı. Kapana kısılmıştı ve bana doktor kurtulmama yardım et diyordu çünkü kendisi yapamıyordu. İşte arketip budur. Her şey anima arketipi yüzünden oluyordu."**

Anima ve animusun bizi yönlendiren gizli eğilimlerinin tümüyle farkında olmak zordur. Ancak onları anlamak bize çok şey katar. Kolektif yanı itibariyle bu arketiplerin doğası ile ilgili anlaşılamayan pek çok şey olacaktır. Dinler, simgeler, semboller ve mitoloji bu üzeri örtülmüş eğilimleri anlamada bize çokça yardımcı

* JUNG ON FILM, Interview with Dr. Richard Evans (Department of Psychology University of Houston in Zurich, 1957

olurlar. Bu sayede kendimizden doğan eğilimlerin daha çok farkında olabilir, ilişkilerimizde kendimizi daha özgür ve mutlu kılabiliriz. Dahası karşımızdakileri de oldukları haliyle görebilir, onlara kendi yansıttığımız figürler olarak bakmayı bir kenara bırakabiliriz.

"İlişkilerdeki çatışmaların, kalp kırıklıklarının dahası boşanmaların ardında anima-animus fantezilerinin çatışması vardır."

Kişiliğin bu ayrı sistemi kendi içinde bir ödünlemeye sahiptir. Biyolojide bedenin kendi içindeki dengelenmesini ifade eden "homeostasi" (iç denge) denen bir kavram vardır. Bu kavram ödünç alınarak Jung tarafından psikolojiye de uygulanmıştır. Örneğin anima ve animus bilinçli akılla bilinçdışı akıl arasındaki arabulucudur. Böylece aşırı uçta yükselen bir şey diğer tarafta dengeye getirilir. Bu olmasaydı bedenen de ruhen de sağlıklı olmamız imkânsız olurdu. Bu kendini düzenleyen harika sistem içinde bir yandan denge sağlamaya çalışan insan bir yandan da büyümeye ve gelişmeye çalışır.

Anima ve animusu anlatırken zorlanan Jung hitap ettiği kimselere şöyle diyordu: "Okurların tümü anima ve animusu anlamayacaklardır. Çünkü kimse bu kavramları bizzat tecrübe etmeden anlayamaz."

Jung'un ortaya koyduğu psikolojinin sırrı da burada yatar. Onun bize sundukları bir deneyimin anahtarlarıdır. Bilinçdışının gücünü fark etmek kapıysa, arketipler de bu kapıdan girdikten sonra kullanılabilecek anahtarlardır ve her birimizin evinin kapısının kilitlerinin bize özel olması gibi kişiye özeldir bu anahtarlar. Onun bize bıraktığı miras kendi deneyimleri, rüyaları, danışanlarıyla yaptığı çalışmalar ve her kültürden, inançtan insanla bir araya gelerek damıttıklarından bize aktardıklarıyla kendi "deneyim yolumuzu" onun yaptığı gibi icat etmemizdir.

"Birey için tek bir macera vardır:
Kendi bilinçdışını keşfetmek."

"Kendi
karanlığınızı
keşfederseniz
başkalarının
karanlığıyla
daha kolay başa
çıkarsınız."

Rüyalar ve semboller

"Rüya ne ise odur."

Jung ekolünün en önemli ve incelenmeye değer parçalarından birisi de rüyalar üzerine yaptığı çalışmalardır. Çocukluğundan itibaren başta kendi rüyalarına titizlikle eğilen Jung rüyalara oldukça önem veriyordu. Bu nedenle de sıkı analizler yapabilmek için mitoloji ve semboller üzerine çokça çalışmıştı.

Rüyalar zaman, mekân ve karakterlerin sunuşuyla başlar. İkinci aşamada konu ve karışıklık ortaya çıkar, nihayetinde ileri ya da geri hareketle çözüm ya da bitiş gelir. Rüya içeriğinde görülen nesneler, kişiler, sembollerin tümü bir şeylerin ifadesidir, hepsini tamamıyla açıklamak ve çözümlemek mümkün olmasa da rüyada görülen semboller onu görenden ayrılamazlar. Rüyalar standart okumaların yapılacağı şifreli mesajlar değildir, bu nedenle rüya tabirleri kitaplarından faydalanmak yanlıştır. Eşsiz ve biricik insan gibi rüyalar da kişiye özeldir. "Rüya, rüya sahibinin hem senaristi, hem aktörü, hem yapımcısı, hem de izleyicisi ve eleştirmeni olduğu bir tiyatro oyunudur."

Jung, rüyaları ele alırken önce kapsamı belirler. Rüya, rüya sahibi ve onun yaşamındaki ilişkiler arasındaki ağlara açıklık kazandırmak ilk adımdır. Rüyada görülen her imaj ve sembole açıklık kazandırmak da ikinci adımdır.

İnsan doğasında hem arzu hem de direnç vardır. Eylemlerimiz ya bir şeyleri harekete geçirmek içindir ya da bir şeyleri durdurmak üzeredir. Harekete geçemediğimiz noktada ise arzularımızı hayal ederiz. Rüyalarla çalışan Freud'a göre rüyalar bastırılan ya da olması istenen arzuların giderildiği yerlerdir. Uyanıkken bilinçten uzak tutulanlar uykuda su yüzüne çıkar. Jung ise rüyaların arzu giderici işlevini kısıtlayıcı bulur. Rüyalar asıl ayık durumu dengeler. Nasıl insan vücudu yaralanmalara ve enfeksiyonlara karşı tepki gösterirse psişe de doğal olmayan durumlara karşı rüyalar aracılığıyla tepki gösterir.

Hayatımızın büyük bir kısmını uykuda geçiririz. Bu da psişik varlığımızın en az yarısının rüyada yaşaması demektir. Nasıl ki bilinçdışımız günlük yaşantımızı sürekli gölgeliyorsa bilinç de rüyalarda aktif bir şekilde gezinir. Bu nedenle rüyalar kişiye özeldir. Kişinin bilinçli yaşamından bağımsız yorumlanamazlar.

"Rüyalar hayattan kopuk ve kendi başına hareket eden olaylar değildir."

Yaşamının yarısından çoğunu rüyalar üzerine çalışarak geçiren Jung'un hem kendi deneyimleri hem de danışanlarının anlattıkları üzerinden rüyalar, görülen sembollerin derin anlamları ile ilgili derin çıkarımlara sahipti ve ona göre saçma, anlamsız değildi hiçbiri. Bu sembollerin üzerine eğilerek ve analiz ederek kesinlikle bir şeyler elde edebilmek mümkündü. Rüyalar da psişenin duygusal tepkilerini bilincin denetimi altında tutmaya çalışan bir özelliğiydi ve bazı rüyalar özellikle buna hizmet ediyordu.

Rüyaların en temel işlevi psikolojik dengemizi düzeltmeye çalışmaktır. Jung buna *"rüyaların psişik yapıdaki telafi edici rolü"* der. Bu ruh sağlığımız için gereklidir. Bilinç ve bilinçdışı birbirine bütünüyle bağlı olduğunda ve paralel hareket ettiğinde ruhsal denge sağlanmış olur. Tam tersine bölünür ya da birbirinden ayrışırsa psikolojik sorunlar ortaya çıkar.

Tekrarlayan rüyalar özellikle dikkate değerdir. Yıllarca aynı rüyayı görenler vardır örneğin. Ona göre seri rüyaların ortaya çıkmasının bazı nedenleri vardır. Rüyayı görenin hayata sunduğu tavırdaki bir eksiklik, bir hatayı telafi etme çabası ya da bir önyargının ardındaki travmatik bir yaşantı tekrarlayan rüyaları ortaya çıkarabilir, bunlar bazen de gelecekten haber verici niteliktedirler.

Bazı rüyalar kişisel olmanın ötesinde bir anlam taşır, bunlar kolektif rüyalardır. Şaşırtıcı ve anlaşılması güç semboller barındırırlar. İlkel insanlarla uzun süreler vakit geçiren Jung onların rüyalar konusundaki yorumlama becerilerinin hayli gelişmiş olduğunu söyler. Onlar kişisel ve kolektif rüyaları ayırma konusunda epey hünerlidirler ve bunu içgüdüsel olarak yaparlar. Rüyalar onlara göre ikiye ayrılır, sıradan şeylerle ilgilenen küçük rüyalar, kehanet benzeri değerler taşıyan hayati önemdeki büyük rüyalar. Mitoloji ve dini metinlerde de sıklıkla bu tarz büyük rüyalardan söz edilir. Örneğin Firavun'un rüyası ve rüyanın Yusuf tarafından yorumlanması ardından gelen kıtlık ve bolluk yıllarının yaşanması gibi...

"Nasıl ki bir bitki çiçeğini meydana getiriyorsa psişe de rüyalarda benzer şekilde semboller üretir."

Rüyalarda görülen semboller bizlere ne anlatır, dahası nasıl yorumlanır?

Semboller, çoğumuzun gündelik hayatında pek çok alana sızmış, tanıdık ancak bilinen anlamına ek olarak belirli başka bir anlamı daha olan bir ifadedir. Bu bir terim, isim ya da resim olabilir. Semboller üstü kapalı anlatımlardır, okunmayı, deşifre edilmeyi ve hissedilmeyi beklerler. Görünenden çok daha fazlasını ima eder ve çözümlenmeleri gerekir. Kendisinden daha farklı bir şekilde ifade edilemeyecek sezgisel idealardır.

Semboller insanların sınırlandırılmış bilinçli dünyalarını aşmak için kullandıkları imajlardır. Örneğin tanrı kavramı bilincin sınırlı sularında açıklanması zor kavramlardan biridir. Bu nedenle de en çok dinler sembolik anlatımlar ve sembolik dilden faydalanırlar. Din kadar sanat da kendini ifade etmenin bir yolu olarak sembolleri kullanır.

Örneğin kozmik yumurta çeşitli geleneklerde kullanılan sembollerden biridir. Yaratılışı ve kozmik evrenin meydana gelişini ifade eder, doğum, yaşam, dirilme, devamlılık, büyüme ve gelişmeyi anlatır. Kültürden kültüre farklı anlamlar yüklenen bir başka sembol örneği Hayat Ağacı'dır. Hayatın kaynağı, Tanrısal birlik ve bilgi gibi anlamları ihtiva eder. Kendi kuyruğunu yiyen yılan Ouroboros, yeniden doğuşun ve sonsuz döngünün bir sembolüdür.

Antik Mısır'dan Hayat Ağacı örneği

Hint mitolojisinde Hayat Ağacı

Kuyruğunu öldüren yılan Ouroboros

Rüyaların ortaya koyduğu imaj ve semboller, psişenin bastırılmış içeriğinin zihne yansımasıdır fikrine katılmaz Jung. Bu kabule göre rüya görünüşteki anlamından başka bir anlama karşılık gelir. Peki ama neden rüyalar içeriğinden başka bir anlama gelmelidir ki? Rüya normal ve doğal bir fenomendir, o zaman neyse odur. Başkaca bir anlamı da yoktur. Rüyaların içeriğinin fazlasıyla sembolik olması ve birden fazla anlama gelmesi rüyalarla ilgili kafa karıştırıcı ve farklı yorumların da ortaya çıkmasına neden olmuştur.

Her rüyanın yorumunun özel olması nedeniyle burada detaylı bir rüya analizi vermek olanaksız. Ancak

Rüyalar kitabından derin analizi yapılmış rüyaları okumanız önerilir.

"Eskiden rüyaların anlamını da çözmek daha kolaydı ama bugün neyi işaret ettiğini tam bilemediğim kaygı ve korkularla doluyuz. Şurası kesin ki psikolojik durumumuzda büyük bir değişimin eşiğindeyiz. Çünkü bugün insan doğasını daha fazla anlamamız gerekiyor. Çünkü var olan tek gerçek tehlike insanın kendisidir. İnsan en büyük tehlike ve gülünç bir biçimde bunun farkında değiliz. İnsan hakkında hiçbir şey bilmiyoruz. İnsanın aklı incelenmeli çünkü kötülüklerin kaynağı orada."*

* BBC, "Face to Face" belgeselinden, 1959

*"Rüyalarımız her gece kendi çapında felsefe yaparlar."**

* C. G. Jung, *Rüyalar*, Çevirmen: Aylin Kayayapılı, Pinhan Yayıncılık, s. 269

Bireyleşme

"Bireyleşme acıyla başlar."

Tüm kahramanlar bir çağrı (calling) ile yola düşer. Genelde bu çağrıya kapılmalarını sağlayan bir şey vardır. İçsel bir sıkıntı, bir arayış ya da fiziksel bir zorluk. Bu aşama ilk krizdir. Prensesin oynadığı altın top kuyuya yuvarlanır, Frodo'ya bir yüzüğü çok uzaklardaki Mordor'da yok etmesi görevi verilir ya da galaksimiz düşmanlar tarafından işgal edilir. Bazen büyüler ve tılsımlar ortaya çıkar ve kahramanın çileli yolculuğu kolaylaştırılır. Bazen Tanrı'nın eli (deus ex machina) devreye girer, sorunlar bir çırpıda çözülür. Ancak bazen de kahraman o çileli yolu yürümek zorundadır.

Tıpkı her birimiz gibi.

İnsan yaşamı eşiklerle doludur. Her eşikte yeni bir çağrı vardır. Bazen çağrıyı ertelemek ya da duymazdan gelmek imkânsızdır. Kozasından çıkmaya çalışan bir kelebek misali büyümek ve olgunlaşmanın sancısı çekilir.

İnsan yaşamsal bir programla doğar. Benliğe yerleşik olan bu program tüm insanlığın yaşam döngüsünde oluşmuştur. Yaşamın ilk aşamaları insan için biyolojik kaygıların baskın olduğu bir dönemdir. Genellikle kişilik yaşamın bu ilk aşamasında enerjisini belli hedeflere yöneltir. Çocuk sahibi olmak, para kazanıp aile bakımı ile ilgilenmek, statü sahibi olmak ilk aşamanın hedefleridir.

Yaşamın ikinci yarısı enantiodromianın meydana geldiği eşiktir. İnsanı iç hesaplaşmaya iten bir kriz anıdır bu. Gençlik tutkularının cazibesini ve parlaklığını yitirdiği bu dönemde şimdiye dek ne elde ettim, bundan sonra ne yapacağım sorularının içinde kalır insan. 40 yaşından sonrası için okullar kurulmalıdır derken Jung'un kastettiği tam olarak budur. O güne dek uykuda kalan kişilik uyanmak ister. Ancak sancılı bir doğumun arifesidir insan için. Keşfedilmemiş benliğin uyanış vaktidir.

35-40 yaş aralığı olarak belirlediği bu aşamada eşiği geçmek istemeyen ve hâlâ eski tutkularının peşinde dolanan insan kısırdöngüye hapsolmuş bulur kendini. Çemberden çıkmak için geride neyi bırakmalıyım sorusunu sormalıdır kendine. Personasından kurtulmalı, gölgesini başkasına yansıtmak yerine onunla uzlaşmalı, gölgenin ürkütücü doğasıyla yaşamayı öğrenmeli, bilinçdışındaki arketiplerini fark ederek onları bilinç düzeyine getirmelidir. Bu tek bir hayatın içine sığmayacak kadar büyük bir uğraştır belki de ancak yine de denemeye değecek kadar kıymetlidir. Çünkü ısrarla altını çizdiği gibi insanlık demek insan demektir ve her bir insanın bu eşsiz çabası insanlığın gelişip olgunlaşmasının da lehine olacaktır.

Bu iki aşamaya benzer başka geçişler de vardır insan yaşamında. Evlilik örneğin, sünnet, kadınlığa geçiş, ölüm gibi. Tüm geçişler krize gebedir. İlkel topluluklar bu geçişlere psişeyi hazırlamak için çeşitli törenler yaparlardı. Ergenliğe girmek üzere olan gençleri gece ormanda bırakan kabileler gibi. Ormanın koyu karanlığında gencin eşiği geçmesi sağlanırdı, bilinçdışının benliğe katılımı zorlanırdı. Bugünün dünyasında bu geçiş törenlerinin kalıntıları bizimle hâlâ yaşarlar. Düğün ve cenaze ritüelleri, yeni doğan çocuklara düzenlenen özel kutlamalar gibi. Hepsinde amaç aynıdır, her evrenin kendine özgü arketipini kolektif bilinçdışında etkinleştirmek ve kişinin psişesine katmak.

Bugün kendimize karanlık ormanlarda eşik atlatmıyoruz ya da tamtam çalarak özel seremoniler düzenlemiyoruz, bu ritüellerin izleri hâlâ hayatımızda olsa da bilinçdışının etkisini farkındalıklı bir şekilde hayatımıza yönlendirmiyoruz. Belki de unutulan bir lisanda konuşulanlar bizi korkutuyor, delirmenin eşiğine geldiğimizi sanıp soluğu terapi seanslarında alıyoruz. Pek azımız bilinçdışının karanlık doğasıyla yüzleşebilme cesaretini gösteriyoruz. Zorlayıcı olanla yüzleşmekten kaçıyoruz.

Oysa buna cesaret etmek büyük bir iştir. Bilinçdışının farklı komplekslerinin bir araya gelmesi tıpkı bir simya süreci gibi yeni ve beklenmedik bir bilinç oluşumuna neden olur. Aşkın işlev denen şey tam da budur. Karşılaştığımız her arketipten bir ders alırız ve öğrendiğimiz bu dersler aşkın işlevi yerine getirir. Benliğin birbiriyle çatışan bölümleriyle yüzleşmek ve onları bütünlemekle bu aşma işlevi yerine getirilir. Bu sayede insan dengeli, sağlıklı ve yaratıcı bir kişilik kazanır.

Bireyleşme süreci sadece bilinçdışı içeriğin fark edilmesiyle tamamlanmaz. "Ego bilinçdışı içerikle fazla yüklenirse aşırı yükle yüklenmiş bir gemi gibi batma tehlikesiyle yüz yüze gelir." Ancak "öz" hem bilinç hem de bilinçdışının öğelerinin toplandığı bütünleyici bir merkezdir. Öz, Jung'un altını çizdiği karşıtlıkların varlığının uyumlu bir halidir, erkek-kadın, iyi-kötü, bilinç-bilinçdışı oradadır ve bütünleşmiştir. Yin yang sembolünde olduğu gibi. En yüce özellikleri ve en aşağılık haliyle insanın her yönü ve davranışı burada kişilik merkezine gelmiş, birbiriyle bir bütün halinde uyumlu bir hale ulaşmıştır. Bu öze ulaşmak çabayla olur der Jung. Özellikle de ruhuyla konuşmayan Batılı insan için, Doğulu insanın daha da farkında olduğu öze ulaşmak biraz acılı bir süreçtir.

Bu öze gelişin ifadelerinden birisi de mandalalardır. Budizm ve Hinduizm'de evrenin yapısını simgeleyen, ritüel ve meditasyonlarda kullanılan mandalalar Jung'a göre kişiliğin birer sembolüdür. 1918'de kumandan olarak atandığı cephede esirlerin tutulduğu bir kampta görevli olduğu zamanlarda Jung, yaşadığı psikozdan henüz çıkmış, zamanını çeşitli çizimler yaparak geçiriyordu. Çizimlerin antik mandalalara benzediğini fark ettiğinde bir aydınlanma yaşadı. *"Arketipin arketipi"* olarak tanımladığı ve ana merkezinde Tanrısal bir figürün olduğu bu dairesel çizimler, tıpkı benliğin birer çekirdeği gibiydi. Tekliğin ve birliğin birer ifadesiydiler. Karenin içine yerleşmiş merkez daire kişiliğin zıt taraflarının (dört köşe) içindeki "öz"e gelmeyi anlatır.

Mandalalarda sıklıkla kullanılan kare ve daire sembolizmi simyada da karşımıza çıkar. Simyada daireyi kare yapmak üzerine bir problem üzerine eğilinir. Antikçağın en eski problemi bize şu soruyu sorar: Yalnızca bir pergel ve cetvel kullanılarak bir daire ile aynı alana sahip bir kare elde edilebilir mi? Burada amaç yine benzerdir, kaotik birliği dört unsura bölmek ve sonrasında daha yüksek bilinçte bir araya getirmek. Böylelikle zihni ve ruhu damıtmak. Leonardo da Vinci'nin ünlü Vitruvian Man çizimi de bu iddiayı resmeder. Daire doğal olandır, kare ise insan tarafından yapılandır. İnsan daireyi kendi özünde kareler.

Jung bireyleşme süreci üzerine yaptığı çalışmalarda simyadan sıkça faydalanmıştı. 1927 yılında Richard

Wilhelm Jung'a kaleme aldığı *Altın Çiçeğin Sırrı*'nı yorumlaması için göndermişti. Çin'in ruhsal simya elkitabı olarak bilinen bu kadim eser Jung'u hayretler içinde bırakacaktı. Kimsenin ulaşamadığı özel elyazmaları ve gizli saklı kitaplar üzerinden simyanın "şifreli" dilini çözmeye uğraştı ve gördü ki esasında anlatılan şey psişik bir dönüşüm süreciydi.

Simya, kimya biliminin temel ilkeleri olarak görülür, metali altına dönüştürecek şeyin keşfidir üzerinde çalışılan. Aranan şey felsefe taşıdır. Simyacılara göre felsefe taşı dokunduğu her şeyi altına çeviren bir taştı, ayrıca bu taştan elde edilen iksirle (Elixir) ölümsüzlüğe kavuşmak mümkündü. Hermetik felsefenin bir uygulaması olan simya, mistik yanıyla kirli olanın saflaştırılması yani insanın ruhunun arındırılarak Tanrısal töze ulaştırılmasını hedefler. Öyleyse içindeki Tanrısal özü bulmak isteyen kişi tıpkı maddelerin saflaştırılması gibi kendi içine dönerek kendini saflaştırmalı ve içindeki gizli felsefe taşına ulaşmalıdır. Bu nihai son noktanın adı "Ars Magna"dır yani büyük sanat. Simyanın temel sembollerinden biri olan kuyruğunu yiyen yılan Ouboros, hem doğanın ebedi döngüsünü hem de bu döngünün içindeki sonsuz kendini yenilemeyi anlatır.

İnsan bireyleşme sürecini tamamladığında bilinç ve bilinçdışı barış içinde yaşamayı ve birbirini tamamlamayı öğrendiğinde bütünleşmiş, sakin, verimli ve mutlu olur yani kendi felsefe taşını bulduğunda...

*"Hakikat
binlerce dilde
konuşsa da
aslında birdir.
Görememememizin
nedeni kendi
anlayışsızlığımızdır."*

Fizik ve psikoloji nerede kesişir?

Eşzamanlılık-Nedensellik Dışı Bağlayıcı Bir İlke

Jung, nedensiz paralellikler olarak tanımladığı eşzamanlılık kavramı üzerine de çalışmıştı. Sebep-sonuç ilişkilerine ve bunların zamanlamasına dair anlamlı rastlantıları tasvir etmek için bu kavramı öne sürmüştü. Bu ilkeyle, sezgisel yolla fiziksel ve zihinsel olarak "anlamlı tesadüfler" sonucu ortaya çıkan olaylar arasındaki anlamlı bağlantıları kastediyordu.

Jung eşzamanlılık kavramını kadim Çin'in ünlü kehanet kitabı *I Ching* (Değişimler Kitabı) üzerine çalışırken keşfetmişti. "Nedensiz bağlayıcı ilke" bu kitabın temelini oluşturur, gerçekleşen her olay, aynı anda gerçekleşen diğer olaylarla ilişkilidir. Kitaba yazdığı önsözde insanları "büyülü sözler" içeren bir metni deneyimlemeye davet etmenin akla yatkın olup olmadığını irdelerken bir yandan da Lao Tzu ve Konfüçyüs gibi bilgelere ilham veren 5000 yıllık bir metinden kendimizi keşfetmeye dair çokça şey bulabileceğimizden bahsederek önyargısız bir şekilde bu davete icabet etmemizi ister.

Özel Çin paralarının havaya atılmasıyla çizilen 6 çizgi (kesikli ya da düz) üzerinden karşılık gelen kehaneti okumaya dayanan *I Ching*'de Jung'a göre Çin aklının Batı'da olmayan bir özelliği öne çıkar: Nedensellik yerine rastlantısal olana teslim olmak.

Nedensellik olgusu istatistiki verilerden oluştuğundan bize kesin yanıtlar vermez, aşağı yukarı cevaplar verir. Oysaki eşzamanlılık uzam-zamandaki olguların denk gelmesini sadece şans olarak değil, ondan daha fazlası olarak ele alır. Yani hem nesnel olguların kendi arasında hem de gözlemci ya da gözlemcilerin psişik durumları arasındaki bağlantıyı dahil eder. Eski Çin fikrine göre, gözlenen bir an nedensellikten ziyade denk gelişle ilgilidir.

Eşzamanlılık kavramını şu şekilde tanımlar: "Eşzamanlılık ilkesi nedensel olarak ilişkisiz olguların karşılıklı bağlantısı ya da birliği olduğunu varsayar, böylece de varlığın bölünmez bir yönü olduğunu kabul eder. Bu yön unus mundus (tek dünya) olarak betimlenebilir. Bu ilke derinliği ölçülemeyen bir uçuruma köprü kurar. Söz konusu uçurum tini doğadan, gövdeden ayırmaktadır."*

---

* C. G. Jung, *Eşzamanlılık*, Çevirmen: Levent Özşar, Biblos Yayınevi

Jung, yine kendi deneyimlerinden yola çıkarak geliştirdiği bu ilkeyle bilimsel ve istatistiksel verilerden de faydalanarak birbiriyle bağlantılı olmayan bu tesadüflerin neden geliştiği üzerine çokça kafa yormuştu. Nedensellik dışı olaylarla tesadüfi olarak gelişen olaylar arasında en ufak bir neden bağlantısının olmayışı kastedilir. Örneğin Jung balık sembolü üzerine çalıştığı bir günde 6 kez balıkla ilintili olaylarla karşılaşmıştı. Yine başka bir gün bir kadın hastasına terapi yaparken yaşadığı olaydakine benzer bir rastlantıyla:

"Bir gün, sırtım pencereye dönük şekilde onun karşısında oturup retorik akışını dinliyordum. Önceki gece etkileyici bir rüya görmüştü, biri ona altın bir bokböceği vermişti ki masraflı bir mücevherdir. Bana rüyasını anlatmaya devam ederken bir şeyin pencereye hafifçe vurduğunu duydum. Arkamı döndüğümde, dışarıda, karanlık odaya girmek istediği açıkça belli olacak şekilde pencerenin pervazına vuran, irice bir kanatlı böcek olduğunu gördüm. Bana çok tuhaf gelmişti. Hemen pencereyi açarak böceği içeri uçarken yakaladım. Bokböceği ailesinden bir böcekti... Yeşil-altın rengi, altın bokböceğine olabilecek en yakın şekilde benziyordu. 'İşte bokböceğiniz' diyerek hastaya böceği uzattım."

Buna benzer pek çok anlamlı tesadüfü sıralayarak eşzamanlılık iki etkenden oluşur der:

1. Doğrudan ya da dolaylı olarak bilince, düş, düşünce ve önsezi olarak gelen bilinçdışı bir imge.
2. Bu içerik ile kesişen nesnel bir durum.*

Ayrıca buna ek olarak bu rastlantıları üç kategoriye ayırır:

1. Gözlemcinin ruhsal durumunun, bu ruhsal duruma ya da içeriğe denk gelen, dışarıdaki eşzamanlı olay ile kesişmesi.
2. Ruhsal durumun gözlemcinin algı alanının dışında gerçekleşecek şekilde, bununla örtüşen bir dış olay ile kesişmesi ve bunu sonrasında doğrulaması.
3. Ruhsal durumun, ona denk gelen, henüz var olmayan ancak gelecekteki bir olgu ile kesişmesi.**

Bilinçdışının psikolojisiyle fizik arasında keşfettiği bazı bağlantıları takiben, bilimin sezgiye açık bu kapısı onu fizikle ilgilenmeye götürecekti. Nobel'li Pauli ve pek çok fizikçi ile dost olmuştu, ona göre fizik ve psikoloji arasındaki ayrılık fazlasıyla önemsizdi. Görelilik kuramı üzerinde henüz çalışmakta olan Einstein'la fikir alışverişlerinde bulunmuştu. Pauli ile dostlukları onun eşzamanlılık ilkesi üzerine çalışmaya başladığı döneme rastlar. Nobel ödüllü İsviçreli Pauli, fizikte Pauli dışlama ilkesi

* *Age.* s. 48
** *Age.* s. 153

olarak bilinen bir atomda ya da molekülde iki elektronun (ya da nötron, proton veya başka parçacıkların) aynı kuantum mekanik durumuna sahip olamayacağını söyleyen prensibin sahibidir. Pauli ve Jung yaklaşık olarak 25 yıl mektuplaşmıştı, bu mektuplarda iki farklı disiplinin, fizik ve psikolojinin perspektifinden doğanın ortaklığında ruh ve maddenin etkileşimini derinlemesine irdelerler. Çalışma süresince fark ettikleri şey bilinçdışının da tıpkı mikrofizikteki fenomenlere paralel şekilde işlediği olur. Çifte yarık deneyinde görülen gözlemci etkisi, Niels Bohr'un tamamlayıcılık fikri ve başka alanlardan pek çok bilim insanının ortaya koyduklarıyla ciddi benzerlikler keşfederler. Bu önemli deneyde gözlemci etkisine bağlı olarak elektronun davranışını değiştirmesindeki gibi psikolojide de gözlemci, gözlediğinden ayrılamaz. Gözlemci bilinçdışı içeriklerini bilince taşıyarak bu içeriklerin işleyiş şeklini değiştirebilir.*

Tüm bunlar Jung'un ekolünü fizikle bağlantılı bir hale getiriyor, böylece hayattaki fenomenlerin psikofiziksel birliğinin altını çizmiş oluyordu. Jung'un arketipleri sadece ruhsal bir olgu değildi, aynı zamanda "madde"ydi. Nörolojik yapısı nedeniyle maddeyle olan bu bağlantısından dolayı sadece canlı varlıkların işleyişini sağlamıyor, aynı zamanda cansız varlıklar üzerinde de bir denetleme gücüne sahip oluyorlardı, yani bir anlamda "maddeye uzanan bir köprü" işlevine de sahiptiler.

---

* C. G. Jung, *Seçme Yazılar*, Editör: Anthony Storr, Çevirmen: Levent Özşar, Alfa Yayınları, s. 376

Arketiplerin fiziksel doğasına taktığı "Psichoid Arketip" ismi Pauli'nin oldukça ilgisini çekmişti. Pauli'ye göre evrenin oluşumunda yer edinen temel ilkeleri anlamamız adına çok önemli bir katkıydı bu. Arketipleri her şeyin tek olduğu "unus mundus" yani tek dünyaya ulaşmak için birer araç olarak tanımlayan ve sadece psişenin imge ve düşüncelerinde değil aynı zamanda madde ve enerjinin temel çalışma ilkeleri üzerinde de etkileri olan birer yönetici gibi tanımlaması, doğabilimleri, psikoloji ve dinlerin bir sentezinin oluşması anlamına geliyordu. Fizikçi dostu Pauli'ye göre böylelikle açıklanamayan pek çok olaydaki kayıp halkayı Jung bulmuştu ve bunun üzerine gitmeliydi.

"Derine inmek için sezgi gerekir."

Üzerine eğildiği hemen her konuyu bilimsel bir temele oturtma çabasında olan birinin kuantum fiziğine merak salması şaşırtıcı olmaz. Onun en zorlandığı şeylerden birisi de bu olmuştur zaten, izah ettiği kavramları bilimsel bir temele oturtmak ve mantıklı yollarla akla kazandırmak. Bu haliyle can sıkıcıdır çünkü bazı fenomenlerin bilimsel yolla, akıl ve mantıkla izah edilmesi mümkün değildir. Zorluk bu kavramların yadsınmayacak denli açık bir halde görünmelerine rağmen terimlerle formüle edilememesindedir. Belki de önce tüm bunları icat eden hayatın kendisi kavranmalıdır. Bu da bir ömür verilecek hatta ömrü de aşacak bir meseledir. Bu yüzden sezgisel olanı da ihmal etmemek gerekir.

Pek çok şeyde sezgi hayati önemdedir. Sezgiler, sadece bilimsel olarak formüle edilemeyen şeyleri açıklamaya çalışmada değil aynı zamanda bilimsel olanı açıklamada da rehberlik eden bir yardımcıdır. Fizik örneğin bilinçdışı çalışan sezgiye dayanır. Olguları sadece zekâyla yorumlamak yeterli olmadığı gibi tamamen önsezilere teslim olmak da tehlikelidir. Altın oranı iyi tutturmak gerekir. Olguların mantıksal düzlemine inmeyi başaran sezgiler işe yararlar, gereken bilgi ve açıklama ancak o zaman bize verilir.

Bu her dürüst araştırmacının takip etmesi gereken yoldur. Sadece tek bir tarafa eğilmek dengeyi bozar. Bilimsel teorinin doğasının kırılganlığına vurgu yapan Jung yenileri icat edilene ya da keşfedilene dek sadece geçici çözümler elde ettiğimizi söyler. Her şey değişir, genişler, yenileri keşfederiz. Yanlış değildir ancak o anda eldeki en doğru bilgidir bu. Şimdilik.

Jung'a göre bugün bildiğimiz şeylerin bilebileceklerimizin tamamı olduğuna inanmak bir yanılsamadır. Tarihöncesinden bugüne uzanan insanın yolculuğuna bakıldığında sözlerini anlamlı bir yere oturtmak daha kolay olacaktır. Dünyamız daha ne kadar dönmeye devam edecek bilmiyoruz. Filmlerde ya da romanlarda gördüğümüze benzer bir uzay çağının yaşanması ihtimali hiç de uzak değil. Zamanın sonsuza uzayan yürüme bandında emekleyen insan için, kendini bulunduğu zamandan soyutlayarak bakan birinin bu yorumu anlamlıdır.

"Kendime yaşamımın değerini sorsam, kendimi ancak yüzyılların ölçüleriyle değerlendirirsem 'Evet bir anlamı vardır' diyebilirim. Günümüzün ölçütlerini kullanırsam hiçbir anlamı yok."[*]

Derinlemesine ve paralel okumaları gerektiren psikoloji ve kuantum fiziği bağlantısı üzerine konuşabilmek için epeyce çalışmak zorunda kalmıştı Jung. Halen daha belirsizliğini koruyan ve üzerine yeni buluşlarla yeni bilgilerin eklenmeye çalışıldığı bir alanda kesin sözler söylemekten kaçındığını da not etmek gerekir. Çünkü Jung, kesin sözlerle kapıları kapatmak yerine düşüncenin evriminin idrakinde olan bir bilim insanı olarak kapıyı daima açık bırakmayı tercih etmiştir. Pauli bilinçdışı kavramının sadece kişisel keşif ve terapi süreciyle sınırlı kalmayacağını ve doğabilimlerini etkileyeceğini özellikle vurgulamıştır. Jung da umduğu gibi gelecekte bilim ve psikolojinin daha aktif bir şekilde etkileşime girebileceği topraklara ilk tohumları atmıştır.

---

[*] Carl Gustav Jung, *Anılar Düşler Düşünceler*, Çevirmen: İris Kantemir, Can Yayınları, s. 16

İki dünyanın ustası

"Bir yaşam biçiminden vazgeçmek için onun yerine konacak başka bir yaşam biçimi bulmak gerekir."

İnsan iki dünya arasında durur.

Dış dünyanın beklentileri ve dayattıkları, içdünyanın çağrısı ve zorlantıları.

Bazen yüzünü birine bazen de diğerine çevirir, seçtiğine bağlı olarak diğerini feda eder.

İnsan hayatına anlam verecek ve evrende kendine bir yer edinmesini sağlayacak duygu ve düşüncelere ihtiyaç duyar. Bir anlamı olmalıdır yaşamanın, varoluşun, gündüzün ve gecenin deviniminin. Ancak böyle katlanılır en dayanılmaz acıya, ölüme, çaresiz kalınan anlara...

*"İki dünya ayrımı arasında, zamanın görünümlerinin bakış açısından nedensel derinliğinkine, birinin ilkelerini diğerininkilerle karıştırmadan, aklın birinin erdemiyle diğerini tanımasını sağlayarak ileri geri gidip gelmek özgürlüğü ustanın becerisidir. Kozmik Dansçı, der Nietzsche, ağırlığını tek bir noktaya koymaz, fakat neşeyle hafifçe döner ve bir konumdan diğerine sıçrar. Bir anda ancak bir noktadan konuşmak olasıdır ama bu diğerlerinin kavrayışlarını geçersiz kılmaz."**

Yaşamı olabildiğince hafiflikle taşımak ancak iki dünyanın ustası olmakla mümkündür. Jung'a göre insan dış dünyanın zorunlu taleplerini ancak aynı anda kendi içdünyasına adapte olduğunda karşılayabilir. İçdünyasında derinleşmek içinse kendini tanımaya ve bütünleşmeye gönüllü olması gerekir.

Buraya kadar anlatılanlar Jung'un kendi yaşam yolculuğunda kendi mitini nasıl inşa ettiğini göstermek üzerineydi. Geldiği son noktada elbette hayal kırıklıkları, pişmanlıkları ve derinleşmiş bir yalnızlık duygusu hâkimdi Jung'a. Ancak her şeyiyle hayatı dolu dolu yaşadım diyebiliyordu. Dahası umduğundan daha zengin ve şaşırtıcı bir keşif sürecinden geçmişti. Görünenin arkasındaki gizle temas kurmuştu, bu bile başlı başına hayatı doldurmaya yeterdi. Karısı ve beş çocuğunun

---

* Joseph Campbell, *Kahramanın Sonsuz Yolculuğu*, Çevirmen: Sabri Gürses, Kabalcı Yayıncılık, s. 258

annesi Emma'yı 1955 yılında yitirdikten sonra kendini Bollingen Kulesi'ndeki odasında çalışmaya vermişti.

6 Haziran 1961 tarihinde pıhtı atması nedeniyle öldüğünde geriye onlarca kitap, çağını aşan fikirler ve ardına kadar aralanmış bir kapı bırakmıştı. O kapıdan nice kâşif girecek, kendi ruhunun derinliğine göz gezdirecek ve bulduklarını yine insanlığın hizmetine sunacaktı.

Son yıllarında temas kurduğu isimlerden biri Şilili diplomat, gazeteci ve yazar Miguel Serrano'ydu. Ölümünden hemen sonra ziyaret ettiği Küsnacht'taki evde kızı onu karşılamış ve bahçede bir şey göstermek için onu dışarı çıkarmıştı. Göl kenarında tepesinden itibaren boydan boya yarılmış bir ağacı göstererek babasının öldüğü gün patlayan muazzam fırtınayı anlatmıştı. Fırtına sırasında ağaca bir yıldırım çarpmıştı. Gösterdiği ağaç Jung'un her gün altında oturduğu ağaçtı. Serrano, daha sonra Jung'un kabrini ziyaret ettiğinde aile kabristanının taş kaidesinde şu sözlerle karşılaşmıştı:

"Çağrılsın ya da çağrılmasın Tanrı vardır."

"Benim ana ilkem şundan daha fazlasını içermiyor: Deneyimin, senin kendin olmanı –örneğin kendi bireyselliğinin doğru ifadesini– desteklediği o yolun ve o iradenin peşinden git. Hiç kimse, aynı türden varlıklarla yakından ve sorumlu biçimde alakadar olmadıkça kendi bireyselliğinin farkına varamayacağı için o kişi kendini bulmaya çalıştığında egoist bir çöle çekilmiş olmuyor. Kişi ancak kendini karşılaştırma şansına sahip olduğu ve kendiyle arasında ayrım yapabildiği bazı kişilerle –genel olarak pek çok kişiyle– derinlemesine ve koşulsuz ilişkide olduğu zaman kendini keşfedebilir. Son derece egoist olan biri Everest Dağı'nın ıssızlığına çekilecek olsaydı kibirli meskeninin rahatlığı hakkında birçok şey keşfederdi, fakat kendi hakkında neredeyse hiçbir şey –örneğin önceden bilemediği hiçbir şey– keşfedemezdi. Genel olarak insan, öyle bir durum içerisindedir ki bir dereceye kadar kendi üzerine düşünme kabiliyetine sahiptir, fakat aynı ölçüde de bilinçle donatılmış başka hayvan türleriyle kendini karşılaştırma olasılığı olmayan bir hayvandır. Samanyolu'ndaki küçücük bir zerre olan gezegende sürgün olan bir hayvandır. Bu nedenle kendini bilmez, kozmik olarak yalnızdır. Kesin olarak sadece maymun olmadığını, kuş olmadığını, balık olmadığını ya da ağaç olmadığını ifade edebilir. Fakat kesinkes ne olduğu belirsiz kalır."*

---

* Miguel Serrano, *Carl Gustav Jung ve Hermann Hesse-İki Dostun Hatıraları*, Çevirmen: Seza Özdemir, Destek Yayınları, 2019, s. 128

Kaynakça ve Okuma Önerileri

C. G. Jung, *İnsan ve Sembolleri*, Çevirmen: Hatice Mukaddes İlgün, Kabalcı Yayıncılık

C. G. Jung, *Dönüşüm Sembolleri*, Çevirmen: Firuzan Gürbüz Gerhold, Alfa Yayınları

C. G. Jung, *Anılar Düşler Düşünceler*, Çevirmen: İris Kantemir, Can Yayınları

C. G. Jung, *Kırmızı Kitap-Liber Novus*, Çevirmen: Okhan Gündüz, Kaknüs Yayınları

C. G. Jung, *Dört Arketip*, Çevirmen: Zehra Aksu Yılmazer, Metis Yayıncılık

C. G. Jung, *Rüyalar*, Çevirmen: Aylin Kayayapılı, Pinhan Yayıncılık

C. G. Jung, *Analitik Psikoloji Sözlüğü*, Çevirmen: Nur Nirven, Pinhan Yayıncılık

C. G. Jung, *Eşzamanlılık*, Çevirmen: Levent Özşar, Biblos Yayınevi

C. G. Jung, *Seçme Yazılar*, Editör: Anthony Storr, Çevirmen: Levent Özşar, Alfa Yayınları

C. G. Jung, *Keşfedilmemiş Benlik*, Çevirmen: Mert Hüseyin Ergül, Olympia Yayınları

C. G. Jung, *İnsan Ruhuna Yöneliş*, Çevirmen: Engin Büyükinal, Say Yayınları

C. G. Jung, *Psikolojide Tipler*, Çevirmen: Nur Nirven, Pinhan Yayıncılık

C. G. Jung, *Analitik Psikoloji Üzerine İki Deneme*, Çevirmen: İsmail Hakkı Yılmaz, Pinhan Yayıncılık

C. G. Jung, *Psikoterapi Pratiği*, Çevirmen: Sami Türk, Kaknüs Yayınları

C. G. Jung, *Ruh-İnsan, Sanat, Edebiyat*, Çevirmen İsmail Hakkı Yılmaz, Pinhan Yayıncılık

C. G. Jung, *Psikoloji ve Din*, Çevirmen: Raziye Karabey, Okyanus Yayıncılık

C. G. Jung, *Gökte Görülen Cisimler Üzerine Bir Mit*, Çevirmen: Mustafa Tüzel, Kırmızıkedi Kitap

C. G. Jung, *Feminen-Dişilliğin Farklı Yüzleri*, Çevirmen: Tuğrul Veli Soylu, Pinhan Yayıncılık

C. G. Jung, *Maskülen-Erilliğin Farklı Yüzleri*, Çevirmen: Didem Gamze Erdinç, Pinhan Yayıncılık

Freud-Jung Mektuplaşmaları, Çevirmen: Mustafa Tüzel, Düşün Yayıncılık

Frieda Fordham, *Jung Psikolojisinin Ana Hatları*, Çevirmen: Aslan Yalçıner, Say Yayınları

E. A. Bennet, *Jung Aslında Ne Dedi*, Çevirmen: Işıl Çobanlı, Say Yayınları

Gerhard Wehr, *Carl Gustav Jung*, Çevirmen: Ayşe Serra Dilek, Şule Yayınları

Anthony Stevens, *Jung*, Çevirmen: Nursu Örge, Dost Kitabevi

Sabina Spielrein, *Psikanalizin Unutulmuş Öncüsü*, Derleyenler: Coline Covington, Barbara Wharton, Çevirmen: İdil Dündar, Pinhan Yayıncılık

Miguel Serrano, *Carl Gustav Jung ve Hermann Hesse-İki Dostun Hatıraları*, Çevirmen: Seza Özdemir, Destek Yayınları

Joseph Campbell, *Kahramanın Sonsuz Yolculuğu*, Çevirmen: Sabri Gürses, Kabalcı Yayıncılık

Joseph Campbell, *Mitolojinin Gücü*, Çevirmen: Zeynep Yaman, MediaCat Kitapları

I Ching ya da Değişimler Kitabı, Çevirmen: Richard Wilhelm, Türkçeleştiren: Levent Özşar, Biblos Yayıncılık

Richard Wilhelm, *Altın Çiçeğin Sırrı*, Çevirmen: Sezer Soner, Yol Yayınları

Adam Philiphs, *Kaçırdıklarımız &Yaşanmamış Hayata Övgü*, Çevirmen: Selin Siral, Metis Yayınları

SERİNİN DİĞER KİTAPLARI

1 **Kendisinin Efendisi Olmayan Hiç Kimse Özgür Değildir**
Epiktetos / Epiktetos

2 **Unutma Mutlu Bir Hayat Çok Az Şeye Bağlıdır**
Marcus Aurelius / Özlem Esmergül

3 **Gladyatör Kararını Arenada Verir**
Seneca / Özlem Küskü

4 **Cehennem Acı Çektiğimiz Yer Değil Acı Çektiğimizi Kimsenin Bilmediği Yerdir**
Hallac-ı Mansur / Mesud Topal

5 **Kaderini Sev Çünkü Aslında Hayatın Bu**
Nietzsche / Taner Şanlıoğlu

6 **Sen Beni Aşağılayabilirsin Ama Ben Aşağılanmam**
Diyojen / Aslı Perker

7 **Yanlış da Olsa Düşünmek Hiç Düşünmemekten İyidir**
Hypatia / Yılmaz Şener

8 **Hayatın Değeri Uzun Yaşanmasında Değil İyi Yaşanmasındadır**
Michel de Montaigne / Yılmaz Şener

9 **Bazı İnsanlar Varlıklı Olsun Diye Neden Diğerleri Yoksul Olmak Zorunda**
Fidel Castro / Zeynep Tütüncü Güngör

10 **Roma Bilgeliği**
Erhan Altunay

11 **İlim Anavatanımızdır Cehalet İse Yabancı Bir Yer**
İbni Rüşd / Ehli İrfan

12 **Var mısın ki Yok Olmaktan Korkuyorsun**
Farabi / Mesud Topal

13 **Zor Zamanlar İçin İnsan Kalma Rehberi**
Baltasar Gracián / Özlem Küskü

14 **Nereye Giderseniz Gidin Ama Tüm Kalbinizle Gidin**
Konfüçyüs / Tuğba Sarıünal

15 **Kimi Seviyorsan Herkesin Yüzünde Onu Görürsün**
İbni Arabi / Ferhat Atik

16 **Her İnsan Gördüğü Rüyanın Tabiridir**
Sigmund Freud / Yılmaz Şener

17 Dil Söyler Kulak Dinler Kalp Söyler Kâinat Dinler
Yunus Emre / Taner Şanlıoğlu

18 Beğendiğiniz Bedenlere Hayalinizdeki Ruhları Koyup Adına Aşk Diyorsunuz
Shakespeare / Tuğba Sarıünal

19 Savaşmaktan Vazgeçtiğin An Kaybedersin
Ernesto Che Guevara / Zeynep Tütüncü Güngör

20 En Kutsal Gözyaşlarımızın Gözlerimize İhtiyacı Yoktur
Halil Cibran / Selda Terek

21 İstediğin Bir şey Olursa Bir Hayır Olmazsa Bin Hayır Ara
Mevlana / Hakan Mengüç

22 Kalbinde İyilik Biriktirenin Yolu Hep Açıktır
Şems-i Tebrizi / Ferhat Atik

23 Başkaldırıyorum, O Halde Varız
Albert Camus / Hamza Celâleddin Okumuş

24 Bildiğim Bir Şey Var, O da Hiçbir Şey Bilmediğimdir
Sokrates / Zümrüt Bıyıklıoğlu

25 Hiç Kimse Görmek İstemeyen Biri Kadar Kör Olamaz
İbni Sina / Hikmet Anıl Öztekin

26 Kimse Bize Ait Değildir
Rabindranath Tagore / Nabi Resuloğlu

27 Binlerce Kilometrelik Bir Yolculuk Bile Tek Bir Adımla Başlar
Lao Tzu / Melda Kosif Kamhi

28 Gerçek Özgürlük Kaderin Bilgisinin Vücuda Bürünmesiyle Gelir
Kanada / Çetin Çetintaş

29 İnsanın Kendini Yenmesi En Büyük Zaferdir
Platon / Taner Şanlıoğlu

30 Hoş Geldin Yabancı, Burada En Büyük Amacımız Mutluluktur
Epikür / Aslı Perker

31 Her Şeye Sahipsiniz Kendiniz Hariç
Osho / Tuğba Sarıünal

32 Yaşam Bir Düştür, Uyanmak Bizi Öldürür
Virginia Woolf / Özgecan Şekerci

33 Kalp Düşünebilseydi Atmaktan Vazgeçerdi
Fernando Pessoa / Yılmaz Şener

34 Dışa Bakan Rüya Görür İçe Bakan Uyanır
Carl Gustav Jung / Özlem Küskü

35 Zekânın Verdiği Mutluluğu Ancak Zekâ Sahibi Ruhlar Yaşayabilir
Proklus / Kaan Demirdöven

36 Hayat Çözülecek Bir Problem Değil, Yaşanacak Bir Hakikattir
Søren Kierkegaard / Hamza Celâleddin Okumuş

46 Bende Olan Ne Varsa Sizin Elinizde de Gizli
Zerdüşt / Yeşim Demir

47 Her Şey Sevgi ve Nefretten Doğar
Empedokles / Reha Kuldaşlı

48 Şimdi Biliyorum Hastalığınızın Ana Nedenini,
Siz Gerçek Doğanızı Unuttunuz
Boëthius / Ahmet Taha Alper

49 Hiç Olmazsa Bir Kere İtiraz Et,
Başka Bir Fikir Söyle de İki Kişi Olduğumuzu Anlayayım
Elealı Zenon / Devrim Horlu

50 Şinto'nun Yolu Doğanın Kalbine Gider
Şinto / Aslı Perker

51 Bir İnsanın Karakteri Onun Yazgısıdır
Herakleitos / Turgut Özgüney

52 Mutlu Bir Hayat Olanaksızdır;
İnsanın Başarabileceği En İyi Şey Kahramanca Bir Hayattır
Schopenhauer / Fırat Devecioğlu

53 Hakikat Kendisinin Ölçüsüdür
Spinoza / Özgecan Şekerci

54 Mutluluk Hayatın Dirençsiz Akışıdır
Kıbrıslı Zenon / Tufan Kıymaz

55 İnsan Özgürlüğe Mahkûmdur
Jean-Paul Sartre / Hamza Celâleddin Okumuş

56 Seçimleriniz, Korkularınızı Değil Umutlarınızı Yansıtsın
Nelson Mandela / Ferhat Atik

57 İnsan Özgür Doğmuştur Ama Her Yerde Zincire Vurulmuştur
Jean-Jacques Rousseau / Hicran Tülüce

58 Vardım, Varım, Var Olacağım
Rosa Luxemburg / Cansu Poyraz Karadeniz

59 Her İçe Yönelme Aynı Zamanda Tanrı'ya Yönelmedir
Plotinus / Turgut Özgüney

60 Üstümde Yıldızlı Gökyüzü İçimde Ahlak Yasası
Kant / İlker Kocael

61 Hayatı Bir Şölen Sofrası Gibi Bırakmalı, Ne Susuz Ne de Sarhoş
Aristoteles / Çağla Özden

62 Her Şeyin Yok Olduğu Anda Bile Bir Ümit Vardır
Thales / Çağlar Çetok

63 Kimse Erdem Olmadan Mutlu Olamaz
Cicero / Ahmet Taha Alper

64 Akıp Gider, Uzun Sürmez Mutluluğu Kötülerin
Marcel Proust / Ercan y Yılmaz